寫作魔法書

妙趣橫生的創意寫作練習

WRITING MAGIC

Creative Writing Exercises

白鉛筆——編著

【編輯序】

創意寫作，送給青少年最好玩的高雅遊戲

寫作是天才的專利嗎？作家的「黑匣子」裡到底隱藏著什麼樣的祕密？如果想自學寫作，如何無師自通？

在很多人的印象裡，寫作是天才從事的行業，彷彿每一部偉大作品的出現，都是作者才思泉湧、倚馬可待完成似的。

其實不然，許多作家在開始寫小說、講故事的時候，甚至對從哪裡開始僅有一知半解。有時他們耗費一生辛勞寫作，卻從未瞭解到寫作有賴於好的技巧和設計。由於認知上的失誤，以致於大作家海明威曾無限感慨說，第一稿永遠是一堆臭狗屎！前車之覆後車之鑑，很多作家在提及自己的寫作經驗時，都會談到自己在學習了寫作技巧之後，才讓創作變得更加成熟和充滿活力。

美國偵探小說大師勞倫斯・布洛克曾對記者說，他這輩子讀了三百本類似的教寫作的著作：「多悲催啊！」

可見，與音樂或者繪畫不同，寫作是一種後天習得的技能。千萬不要把缺乏天分或能力做為你不能寫作的藉口，創作就是講故事，這事誰都可以。

寫作在現實生活中，也是人們特別需要的一項能力。因為它太重要了，一些已開發國家的大學都普遍開設寫作課。在臺灣，作文乃是國文考試中的「半壁江山」，學生寫作水準的高低，直接影響到分數與升學。

基於此，本書針對九～十四歲中小學生的閱讀習慣和寫作水準，一反傳統作文寫作、範文寫作、唯分數論的寫作導向，用寫作激發創意，用創意引領寫作，讓孩子們在寫作中遊戲，在遊戲中愛上寫作。

本書收錄了二十六個創意寫作練習，既有激發創意的寫作遊戲，又有讀書筆記、日記、遊記、作文寫作指導，寓教於樂，可以讓孩子們很容易形成自己的寫作風格，建構強而有力的故事情節，寫出好的故事。

當然，這些寫作技巧的掌握是有一個過程的。這個過程可以分為兩個階段，一是「技能」階段，一是「熟練」階段。「技能」階段，是無法之中求有法，你可以學習並掌握一些寫作的基本手法，且能運用於寫作之中。「熟練」階段，是有法之中求變化。在第一階段的基礎上，進行創意性寫作，真正寫出與眾不同的好作品。

如果你想成為一名作家，為何不向《寫作魔法書》「取經」呢？

所有關於寫作的問題，白鉛筆可以為你一一解答。

【前言】

寫不出來怎麼辦？寫作練習在偷笑

你有沒有遇到過這樣的情況：對著一個要寫的題目，或者自己頭腦中的某個想法，拿起筆時，卻不知從何寫起？不用擔心，這種情況每個人都可能遇到，包括有的作家們也不例外。

雖然這個問題每個人都可能遇到，但是不能等到考試的時候再去著急想辦法。平時多做一些有意思的練習，能夠幫助你把筆頭寫活。寫多了，在你靈感乍現的時候，就能夠迅速抓住它，把它寫下來。

寫作練習可以很有針對性，比如練習描寫場景、塑造人物、描述對話、說明情況、論述觀點。這種練習對於提高你的寫作水準很有幫助，有系統而且完備。但有的時候會比較枯燥，所以我建議你找一些既有趣又有針對性的練習來做，讓寫作變得好玩一點。

寫作練習也可以純粹為了放鬆或練筆性質，比如覺得某個練習很有趣，那就把它當作一個遊戲來做，這時你反而可能寫出一些讓自己驚喜的東西。特別是自由寫作，給你一個開頭或者簡單的提示，要求你在規定的時間內想到哪裡寫到哪裡，而不去考慮錯別字和語法問題，寫出來的可能是之前怎麼也想不到的東西，有時甚至讓自己吃驚。這樣的寫作令人快樂。

歡迎你打開這本寫作練習冊，希望你懷著愉快的心情來做裡面的練習。全書分為四個部分：自由寫作、創意激發、故事創作、字裡行間。書裡的很多練習都可以隔段時間再做一次。要知道，寫作練習做得越多越好，只要有時間，你就可以寫一寫。書裡附了幾篇我的習作，算是拋磚引玉。寫這些文字給我帶來了快樂，因為要和別人分享，讓我更加努力去寫好。希望大家在讀這些作品的時候，權當參考，千萬不要給它們打分！

我建議你準備一本專門的寫作練習本。把你的草稿寫在這個寫作本上，寫的時候盡量不要停下來修改錯別字或者語法問題，寫完之後讀一讀，再做一下修改。如果你喜歡用電腦寫作，也可以在電腦中直接寫作和修改。一定要把這個寫作本以及你電腦中的檔案好好保存，它們都是你的寫作素材，是你以後在寫作中可以用到的寶藏。

還等什麼，拿起筆來，開始寫吧！

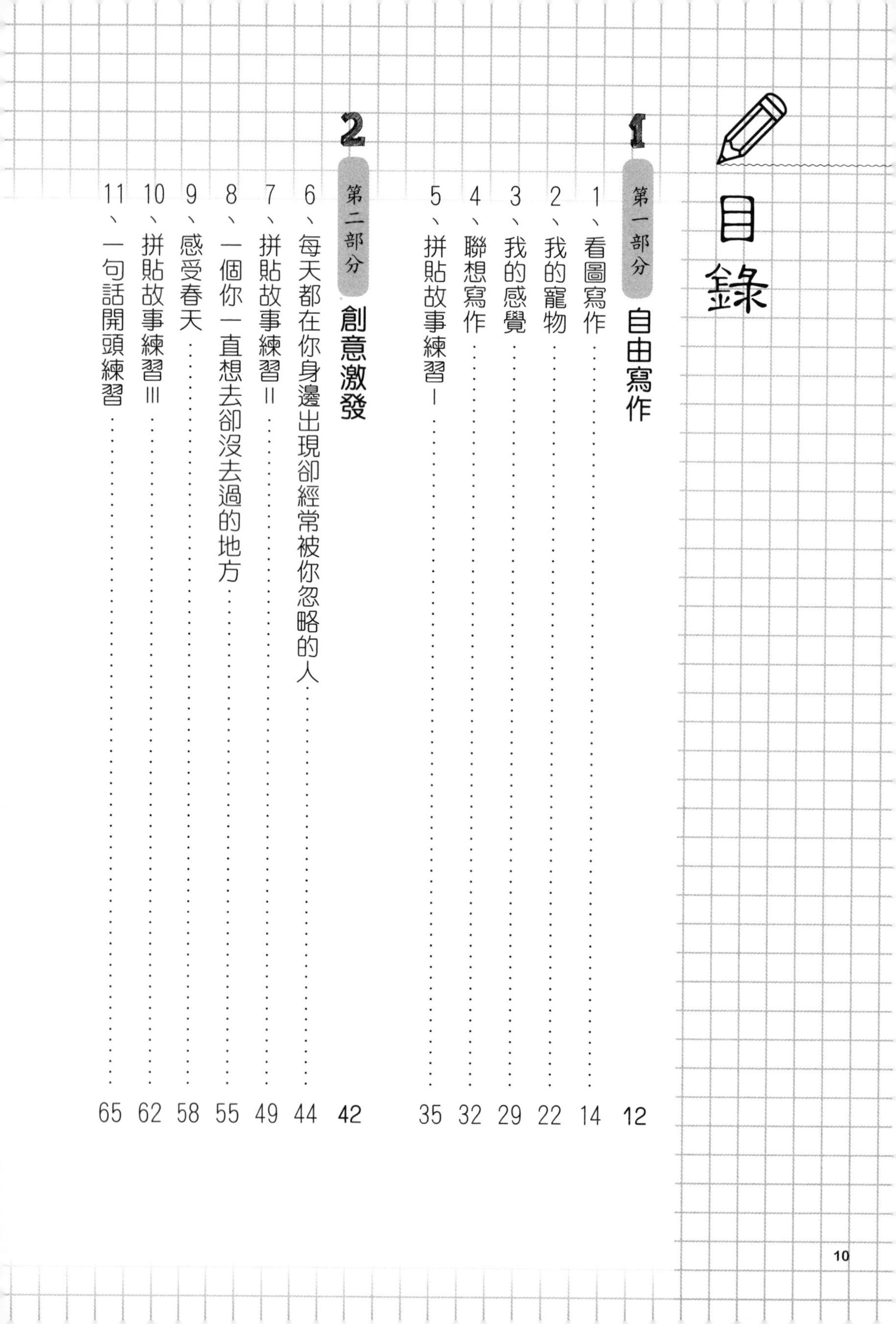

目錄

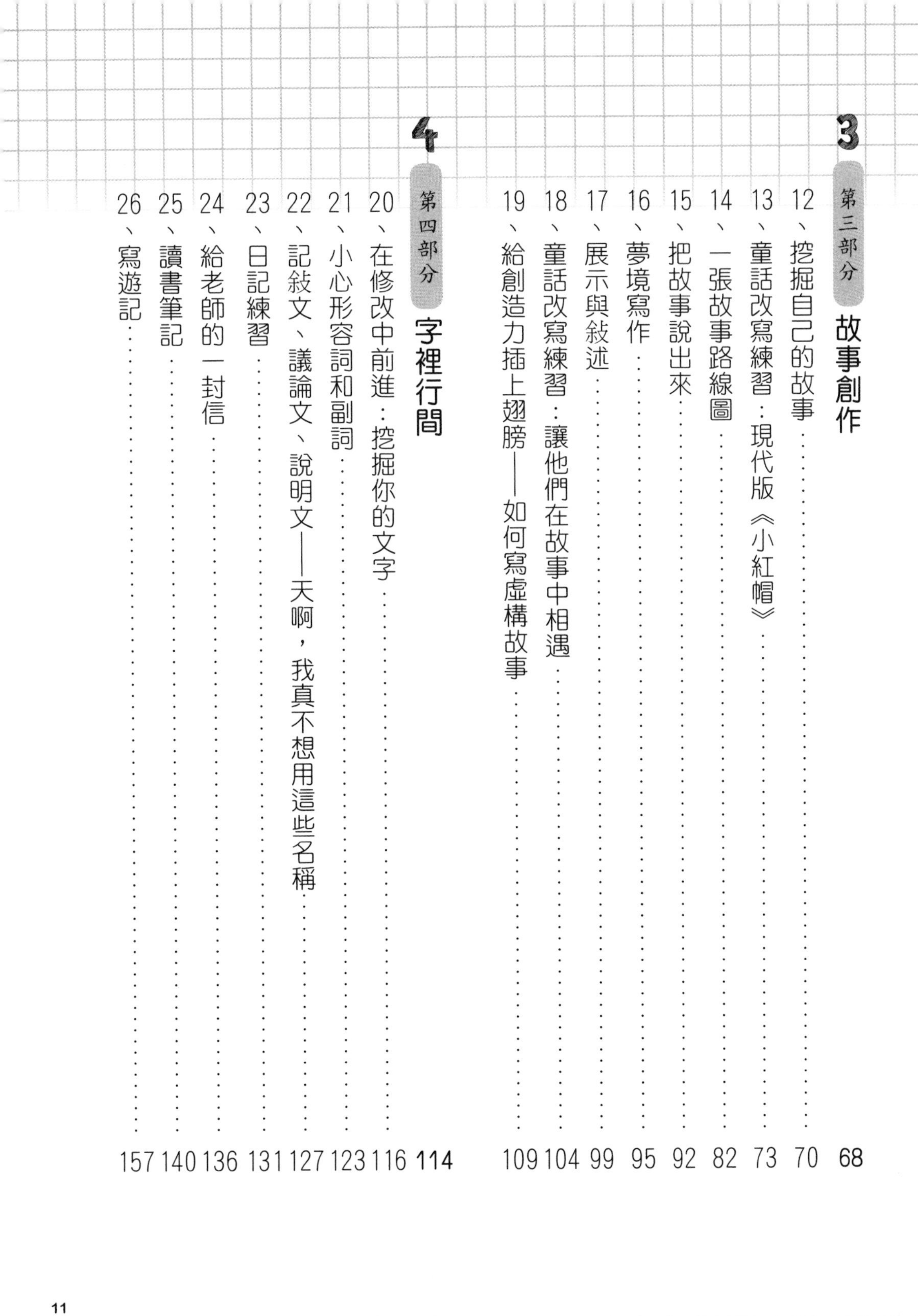

3 第三部分 故事創作 68

4 第四部分 字裡行間 114

第一部分

自由寫作

1 看圖寫作

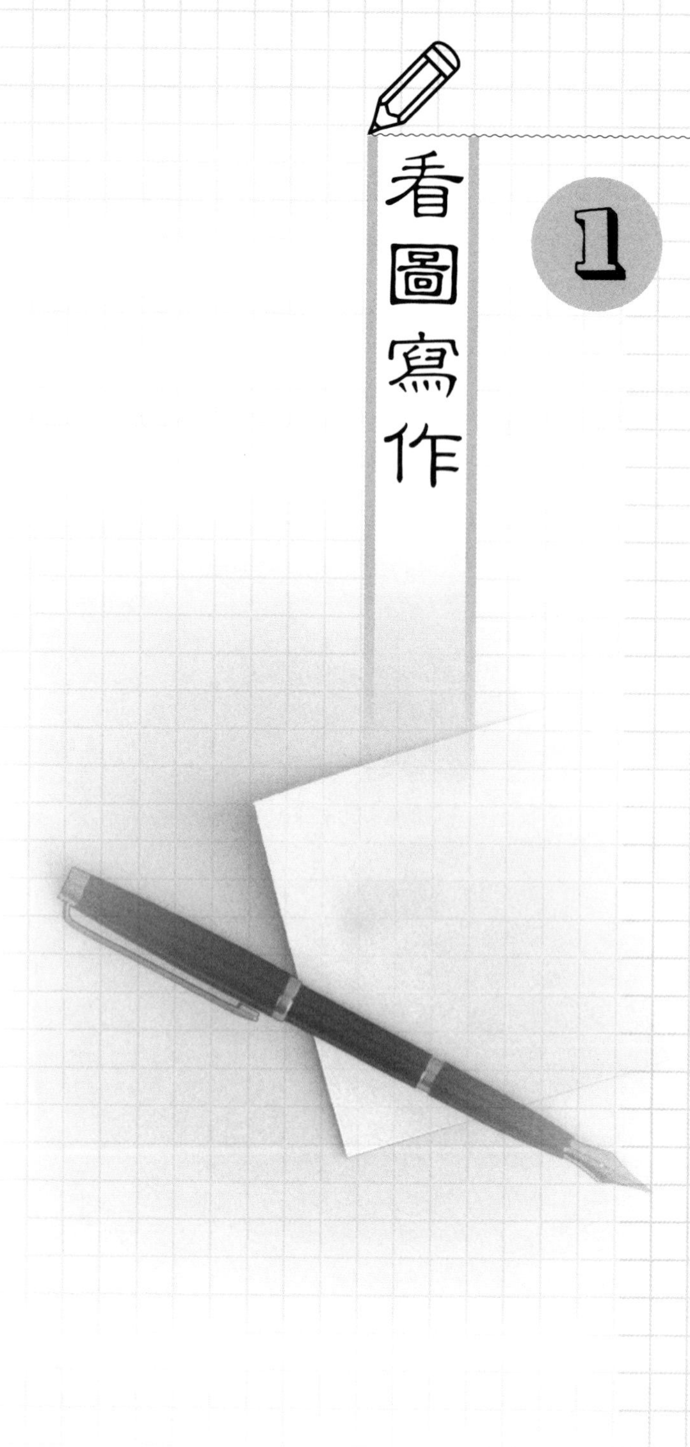

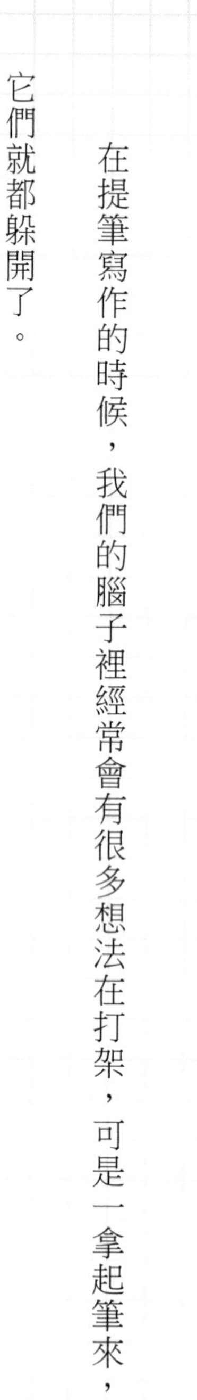

在提筆寫作的時候，我們的腦子裡經常會有很多想法在打架，可是一拿起筆來，它們就都躲開了。

對著圖片做練習，可以幫你把雜七雜八的思路梳理清楚。沒有思路的時候，圖片能夠幫你找到方向。想法太多時它則用邊框把你的目光框在一個有限的畫面裡，讓你不至於迷失方向。這樣一幅加了外框的圖像為你架起了故事結構，你要寫的故事雖然限定在畫面裡，你卻可以想到更多、更遠的東西。圖片裡的人在哪裡？他們在做什麼？他們的表情後面隱藏了什麼想法？他們之前有什麼經歷？照了這張照片之後，他們又發生了什麼事情？

我曾經對著一本圖書封面寫了一篇文章，篇幅雖短，卻把我對一個朋友的主要印象寫了出來。

一本圖書封面

這真是一張笑得很滿的嘴。是的，是那種露出牙齒的很開心的笑。這張嘴是

整本圖書封面上最吸引人的地方，它讓你感覺即便這是一張以黑色為主的比較暗的封面，也充滿了陽光一樣燦爛的微笑，讓你情不自禁想要跟著笑起來。

在圖書封面上開心大笑的是一位女士。她戴著厚厚的帽子和大紅色的圍巾，幾片雪花落在她的肩頭，讓你感到的不是冬日的寒冷，而是寒冷中珍貴的溫暖。她的衣服是暖的，她的笑容更暖，而且她的笑充滿了意味。因為封面上這位微笑的女士眼睛沒有露出來，更顯得她的笑意味深長。

她的眼睛無疑是被封面設計師「咔嚓」掉了——整個畫面卡在了鼻子那裡，根本沒有給眼睛留出地方來。我很想看到她的眼睛，因為我感覺她的笑容裡有故事。這麼冷的天她為什麼笑得這麼開心、這麼溫暖？我想，只有內心充盈的人才會如此滿足地笑吧！

把目光從那張沒有露出眼睛的臉上、特別是那張開心的嘴上移開很不容易，我終於注意到封面上圖書的名字：《寫出心靈深處的故事——非虛構創作指南》。眼睛是心靈之窗，在這張封面上，雖然沒有了眼睛，卻打開了心窗，讓人感受到一片廣闊的天地。

這本書是中國作家李華老師的著作。在參加一次活動時我瞭解到，她為了追求自己的寫作夢想，到美國學習創意寫作，又為了實現自己的理想，回到了中國，在大學裡教授創意寫作。她熱情、積極、快樂地活著，在冬日雪花的映襯下，更讓人感覺到她身上所煥發出的那種能量。

寫出心靈深處的故事，讓我從翻開這本書的封面開始吧！

創意寫作練習

找一張照片，可以是家庭照，比如你和爸爸媽媽的合影；也可以是沒有你的家庭合影，甚至是你從報紙、雜誌上找來的別人的照片，上面的人你認識或者不認識都沒有關係。圍繞照片上的內容自由寫作，要不停地寫，想到什麼寫什麼，也不必擔心錯別字和語法問題。

寫完以後，花幾分鐘讀一下，可以做簡單的修改。如果你不願意讓別人看到，那就把你的寫作本保存好，放到一個安全的地方。

時間：十分鐘。

字數：三百字以上。

提示：看圖寫作要求在一個限定的畫面內，根據有限的素材寫作，特別適合練習手。一定要記住，寫的時候先一鼓作氣寫完，然後再修改。

這個寫作練習乍看有些瘋狂。你一定會想：如果照片上的人我都認識還好說，都不認識的話要怎麼寫？別擔心，你可以發揮你的想像力，給照片上的人某種身分。為了讓寫作更加有趣，你甚至可以給你認識的人另外一種你想要的身分，比如，讓爸爸成為警察，你曾經撿到過某件重要的東西送到他那裡，他十分喜歡你，這張照片就是某次他來看你的時候，你和他以及他女朋友的合影（沒錯，媽媽可以是他的女朋友）。

放開你的想像力，不要給它任何束縛，讓它朝著你想像的方向，能飛多遠就飛

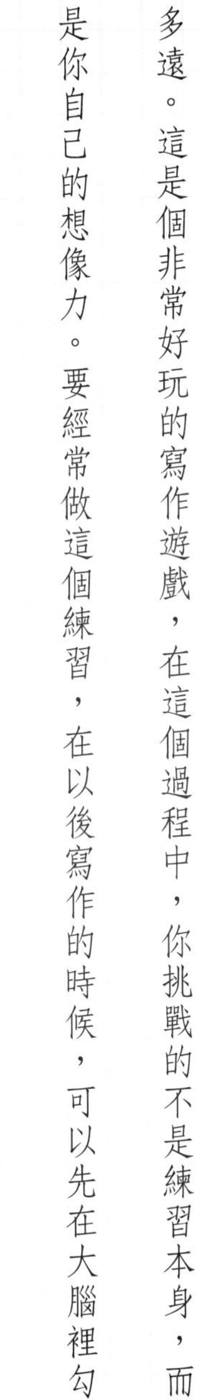

多遠。這是個非常好玩的寫作遊戲，在這個過程中，你挑戰的不是練習本身，而是你自己的想像力。要經常做這個練習，在以後寫作的時候，可以先在大腦裡勾畫出一幅畫面來，你會發現這樣寫起來容易很多。

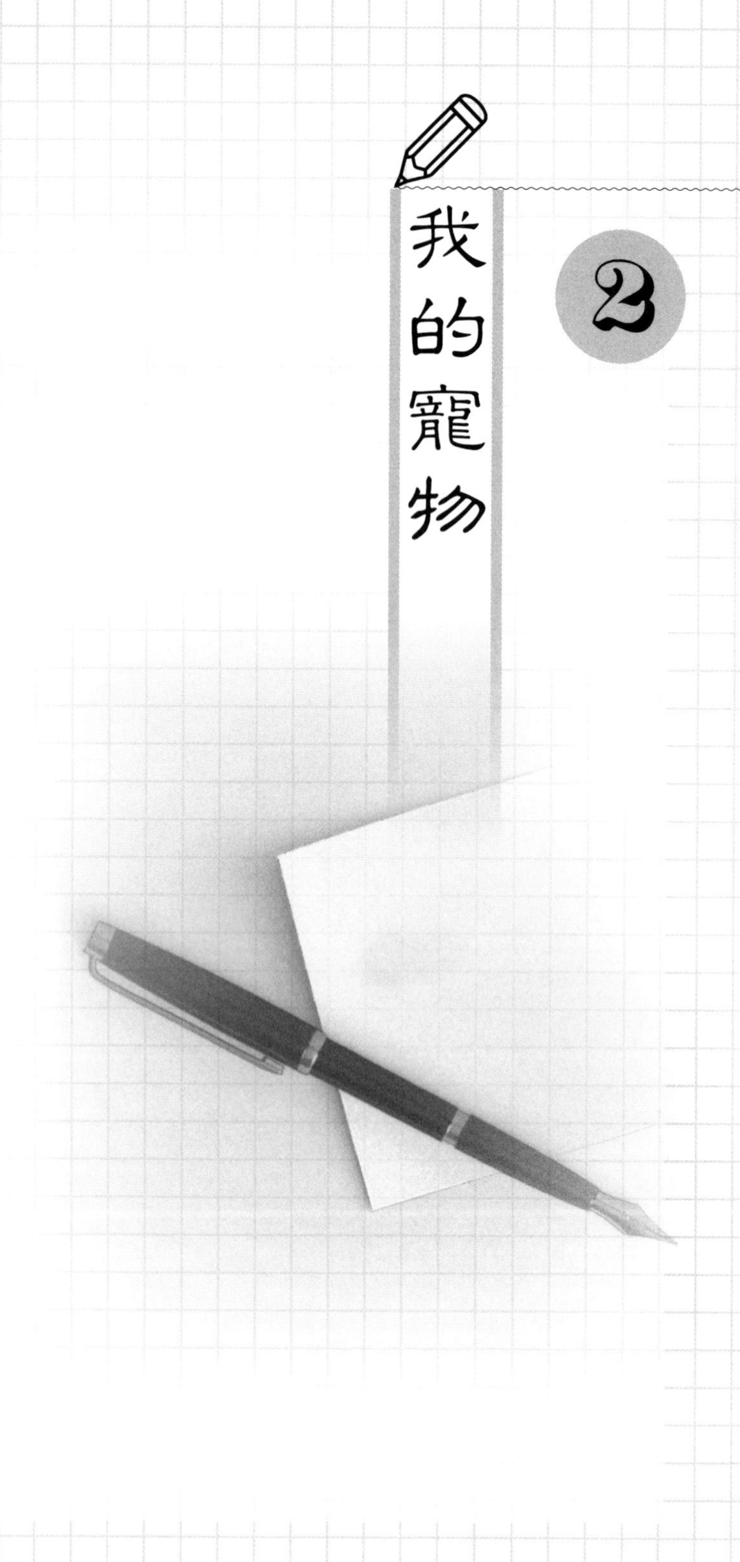

2 我的寵物

你養寵物嗎?你的寵物是狗、貓、鳥、魚，還是烏龜、蜘蛛或者蛇?你養過最讓人吃驚的寵物是什麼?牠們讓你印象最深刻的是什麼?

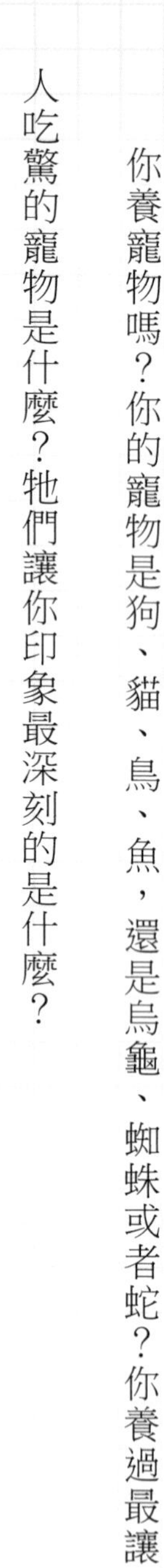

我養過蝸牛，這是我養過最特別的寵物了。牠們的樣子很萌，白天睡覺，晚上活動，爬得非常慢，還會留下黏液。最讓我難忘的是蝸牛會下蛋，就像縮小幾百倍的雞蛋，橢圓形，有殼，等到孵好，會有小蝸牛從裡面爬出來，用稚嫩的觸角探索這個世界。嗯，也許哪天我會寫一個孩子帶著剛出生的小蝸牛旅行的故事。

下面這篇文章，寫的是我幾年前養過的兩隻貓。雖然牠們離開我已經好幾年了，在提筆寫的過程中，很多平常想不起來的細節又出現在我的腦海中，我感到筆下的牠們仍然十分可愛。對我而言，把牠們寫下來就是對牠們最好的懷念。

我的寵物：毛毛和二毛

我養過兩隻貓，那是兩隻流浪貓，一隻體型較小，一隻體型較大。體型較小的名叫毛毛，是隻黃色的家貓。來到我家之後，毛毛很快便肆無忌憚起來，對一切照顧都理所當然地接受，還不喜歡別人摸牠。後來，我撿回了體型較大的二毛，是一隻很漂亮的黑白花胖貓。牠之前在外流浪時餓了幾天，到我家後終於能夠吃飽喝足並且暖暖地睡上一覺了。

可是二毛來之後，經常被毛毛騷擾，因為毛毛每天做的主要事情就是注意二毛的動向，並進行偷襲。毛毛用各種方式挑釁二毛，有時用爪子抓一把就跑，有時在牠面前晃兩隻前爪，有時突然跳到牠的背上然後跑掉。二毛最初對此全然無視，牠就只想吃飽睡好。慢慢地，牠開始對挑釁有反應，有時反擊一下，但出手並不重。牠似乎默認了毛毛先入為主的狀態，對牠盡量包容，甚至只是做出些適當的反應，好讓毛毛開心。二毛可以抱可以摸，每當撫摸二毛的時候，毛毛會湊過來，饒有興趣地看著，如果在這時候撫摸毛毛，牠不會拒絕。

後來，因為我很長時間不在家，就把牠們送到鄉下，據說在鄉下的親戚家牠們幹了很多「瘋狂」的事情，比如偷偷把魚缸裡養的小金魚捉住吃掉，在院子裡像閃電一樣追逐奔跑，和小老鼠遊戲……等等。牠們就像一對歡喜冤家，體型和性格迥異，卻和諧地生活在一起，簡直是兩隻貓版本的「貓和老鼠」。

創意寫作練習

從下面兩項中挑選一隻寵物，進行自由寫作。不要讓筆停下來，想到哪裡就寫到哪裡，也可以重點描寫牠最顯著、最特別的地方。這樣做能夠幫助你觀察寫作的對象，練習描述式寫作。

如果可以，請盡量多寫。寫的時候不要在意錯別字和語法問題。寫完之後，花幾分鐘讀一下，做簡單的修改。

1、在路上遇到的寵物。這隻寵物是長什麼樣子的？牠的主人有什麼特點？不知你有沒有發現，有的寵物和牠的主人長得十分相似，而有的寵物則和牠的主人完全相反。養和自己相似的寵物的人，是不是比較自戀？養和自己反差很大的寵物的人，是不是內心有所渴求？

2、你養過的寵物，或者你想像中的寵物。像描寫你的好朋友一樣把牠描述出來，寫下你們相處的點點滴滴，牠有什麼生活習性等等。

時間：十分鐘。
字數：四百字以上。

3 我的感覺

你有哪些感覺？

看這些文字的時候，你運用的是你的視覺。紙是白的，字是黑的。有的時候，我們還能看到漂亮的圖片，讓人浮想聯翩。

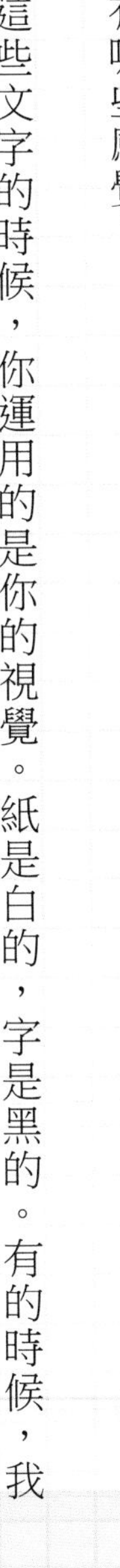

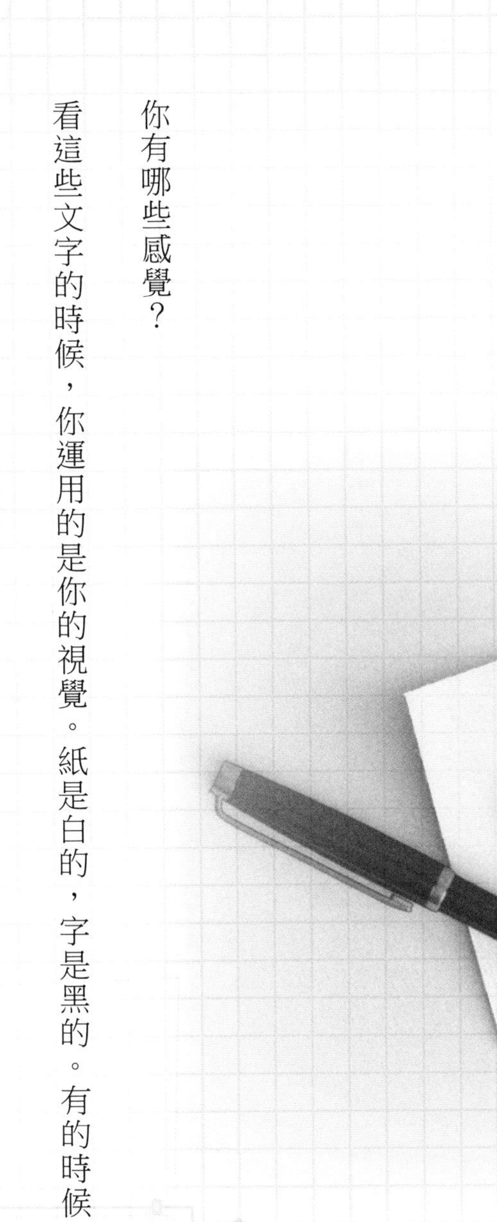

一陣鳥鳴聲從窗外傳來。春天到了，小鳥的叫聲是那麼歡樂。這是你的聽覺。

你剛剛去洗手，水很冰，初春的自來水摸起來還是冰冰的。洗完手，用烘手機烘乾一下，很熱。這是你的觸覺。

記得昨天晚飯媽媽煮的湯嗎？是甜湯還是鹹湯？放了蝦皮或蔥花了嗎？嗯，是你喜歡的媽媽的味道。這是你的味覺。

今天去商場，路過一家麵包房，香香甜甜的味道很誘人！真是聞起來比吃起來更香。這是你的嗅覺。

在寫作的時候，把你的感覺寫進去，它們能構成細節，讓讀者知道你的感覺，看到你看的，聽到你聽的，聞到你聞的，嚐到你嚐的，觸到你觸的，從而把他們拉進你的故事中。

創意寫作練習

把你記得的一天當中所有的感覺都寫下來，從早上睜開眼睛一直到晚上睡覺前，盡可能詳細的記錄下來。如果擔心記不住，可以隨身攜帶一本記事本和一支筆，隨時隨地做筆記，這樣有助於你回憶自己的感覺。

如果可以，請盡量多寫。寫的時候不要在意錯別字和語法問題。寫完之後，花幾分鐘讀一下，做簡單的修改。

時間：十分鐘。

字數：四百字以上。

4 聯想寫作

很多精彩的故事都是從那些看起來並不重要的素材中來的，還有許多來自經常被我們忽視的細節。聯想寫作讓我們把注意力集中在一個特定的物體上，由此產生聯想，從而捕捉住一個之前它本身並不代表的意思。這樣做能夠幫助我們打破慣性思維和傳統模式的束縛，發揮創造力。比如化學課上，老師在講金屬，可能有一個同學想到了水果刀，不知不覺摸了摸手背上的疤痕，這個疤痕讓他想起了某段不愉快的經歷。

創意寫作練習

從下面的列表中隨意選取一個詞，然後根據這個詞再聯想一個詞。根據它們寫一篇文字，可以是隨筆，也可以是故事。寫完以後，用幾分鐘讀一遍，做些修改，然後把它保存好。

門　狗　剪刀　書櫃　計程車　書包　鸚鵡　快遞

牛奶　螞蟻　防盜網　車票　書　眼鏡　公路　蜘蛛

中藥　倉鼠　火車　樓梯　筷子　衣櫃　毛毯　地圖

跟蹤　靠近　逃跑　哭　溫婉　寧靜　猛烈　華麗

堅硬　高挑　濕潤　辣　光滑　冷落　尷尬　害怕

時間：十分鐘。

字數：四百字以上。

比如我選擇了「眼鏡」，然後想到了「疼痛」，以及雷射治療手術。這個手術讓我的眼睛痛了一個多星期，至今每當眼睛疲勞時還是會有點痛，但是卻幫我摘掉了眼鏡。我可以寫做近視手術並摘掉眼鏡的經歷，有收穫但也有痛苦。

5 拼貼故事練習 I

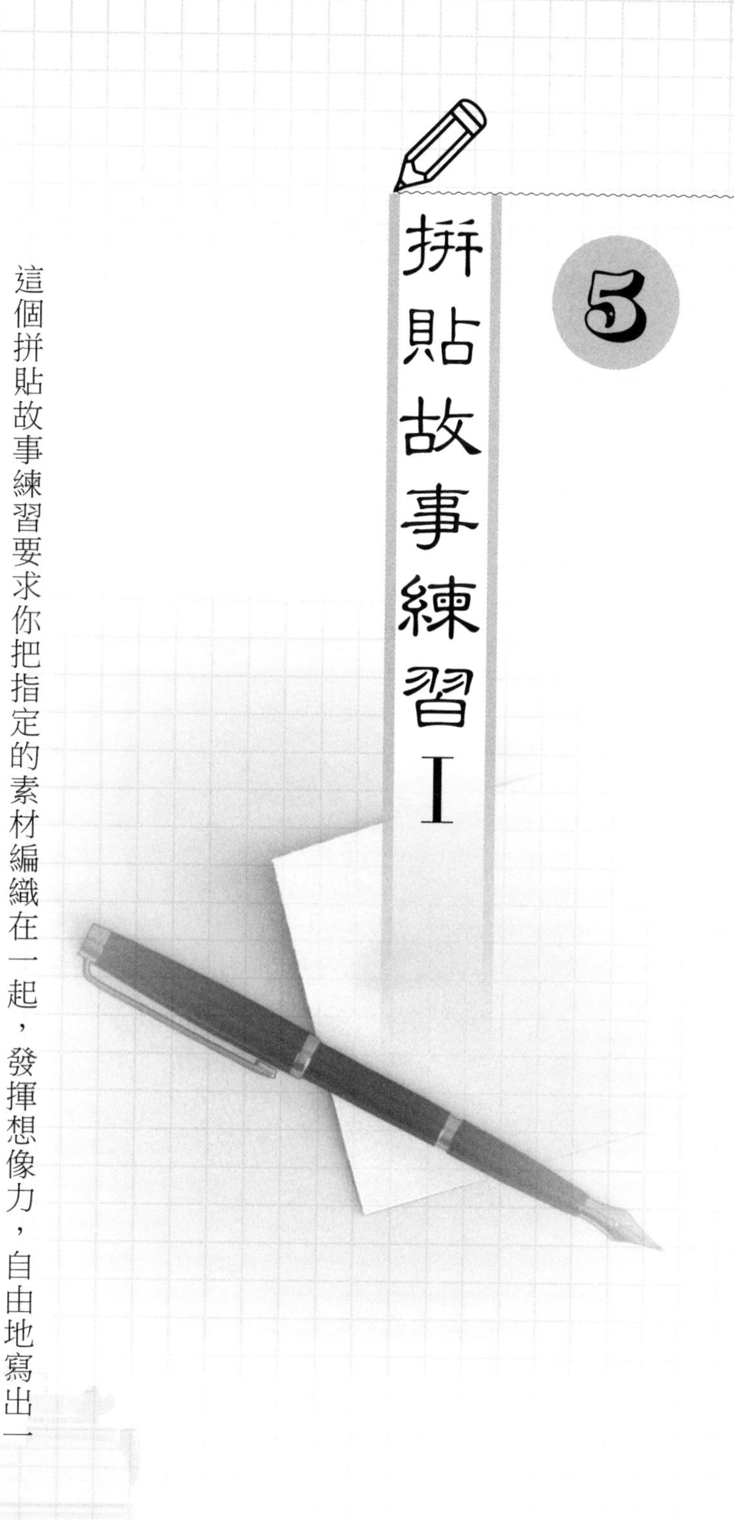

這個拼貼故事練習要求你把指定的素材編織在一起，發揮想像力，自由地寫出一個故事來。可以從自己的親身經歷寫起，也可以是完全虛構的內容。如果你願意，還可以增加新的素材進來。在寫的時候，不要給自己任何束縛，如果有故事從這些指定的素材裡激發出來，那就讓它自由流淌，而你則需要奮筆疾書，盡可能快地把它寫下來，不要讓靈感溜走。

要是在寫的時候遇到阻礙，不知道寫什麼，也可以隨筆寫下你此時想到的東西，比如「我要用這些素材寫一個故事，但是我不知道怎麼寫才好。其中一個素材是……」，也許隨著你的描述，想法就出現了。在寫的時候，千萬不要因為錯別字和語法問題讓你腦子裡出現的情節或人物飛走。等你寫完，有的是時間來修改它。

我用後面的練習提供的素材寫了一個小故事，或者說是一個故事的開頭，故事留下了一絲懸念，和許多的可能性。也許我可以繼續寫下去。根據練習的指示，我的選擇如下：

●我曾經夢到自己飛起來，在夢裡，我一邊奔跑，一邊跳躍，然後就飛起來了。

這種感覺很好，但過了一會兒，我又飛不起來了，我很難過，就醒了過來。

●我看到手機裡的一則新聞：美國著名童星秀蘭・鄧波兒（Shirley Jane Temple）去世。她在我小時候看過的很多電影裡擔任女主角，能歌善舞，非常可愛。

●我現在正在開會，會議室很大，坐了幾百人，因為座位不夠，我只能站在後面。我的旁邊有一個窗臺，我現在正像海明威一樣站著寫作。在我寫作的窗臺不遠處，有一個網路分享器，但是沒插電源。

根據這些素材，我寫了下面的小故事：

「美國影星秀蘭・鄧波兒去世。」

看到這則消息，我愣了一下。我曾經那麼喜歡她！

對著早飯，我想起了昨天晚上的夢。我飛起來了，那種感覺太美好了，就像……

就像曾經看秀蘭・鄧波兒的電影，她像天上的星星那麼耀眼，而我只有在夢裡，才能飛那麼高，那麼耀眼。如今她去世了，我很難過。

我胡亂吃過早飯，想上網查看一下相關新聞。她現年幾歲了？人們會不會為她舉辦追悼會？我心裡一邊想著，一邊點開瀏覽器。怎麼都是白頁？哦，這個可以……我點開一個彈出視窗，上面有與秀蘭・鄧波兒相關的消息。

「秀蘭・鄧波兒離世，她一直關心孩子，從今天上午八點起二十四小時內，發郵件到這個郵箱，我們將寄送一份精美的秀蘭・鄧波兒畫冊給您。」

消息的最後有這麼一句話。太好了，我想要。我點開 Outlook，把我的位址等資訊發到了指定郵箱：dengbohuilaile@hotmail.com。發完後，我的心情好多了，也不那麼沮喪了。飛不到天上，經常抬頭看看也好。

我關上電腦。無線網路也關上吧。這是一個普通的分享器，TP-LINK，用起來速度一般。按下電源開關時，我愣住了。

無線網路分享器的網路線沒有插上，捲起來收在一邊；電源也沒有插上，兩隻金屬插頭像兩顆發亮的牙齒一樣支在那裡。

創意寫作練習

根據以下三項中的提示，選擇你的素材，把它們聯繫起來，寫一個故事。寫完以後，花幾分鐘讀一遍，做些修改，然後把它保存好。

- 一個你印象最深的夢。
- 從當天手機、網路或者報紙上看到的一則新聞。

●現在你可以隨手拿到的一個物體。

時間：十五分鐘。

字數：五百字以上。

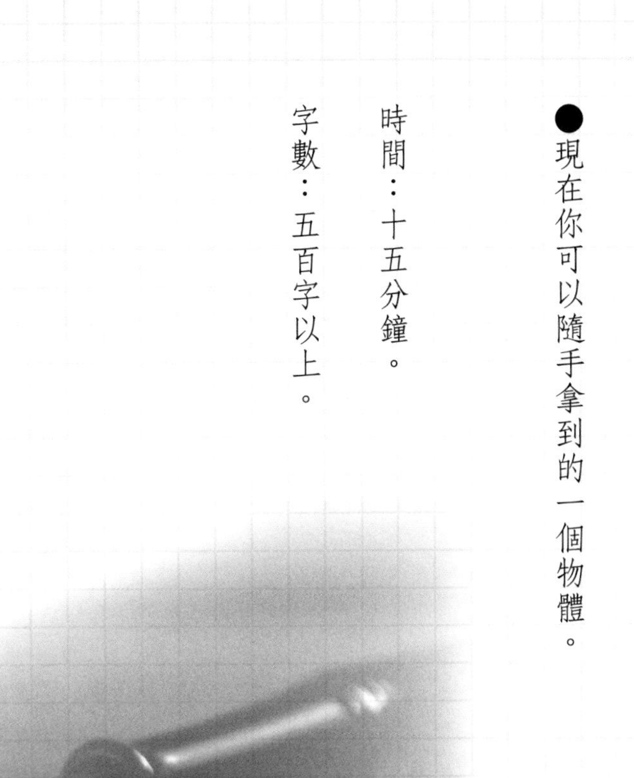

第二部分

創意激發

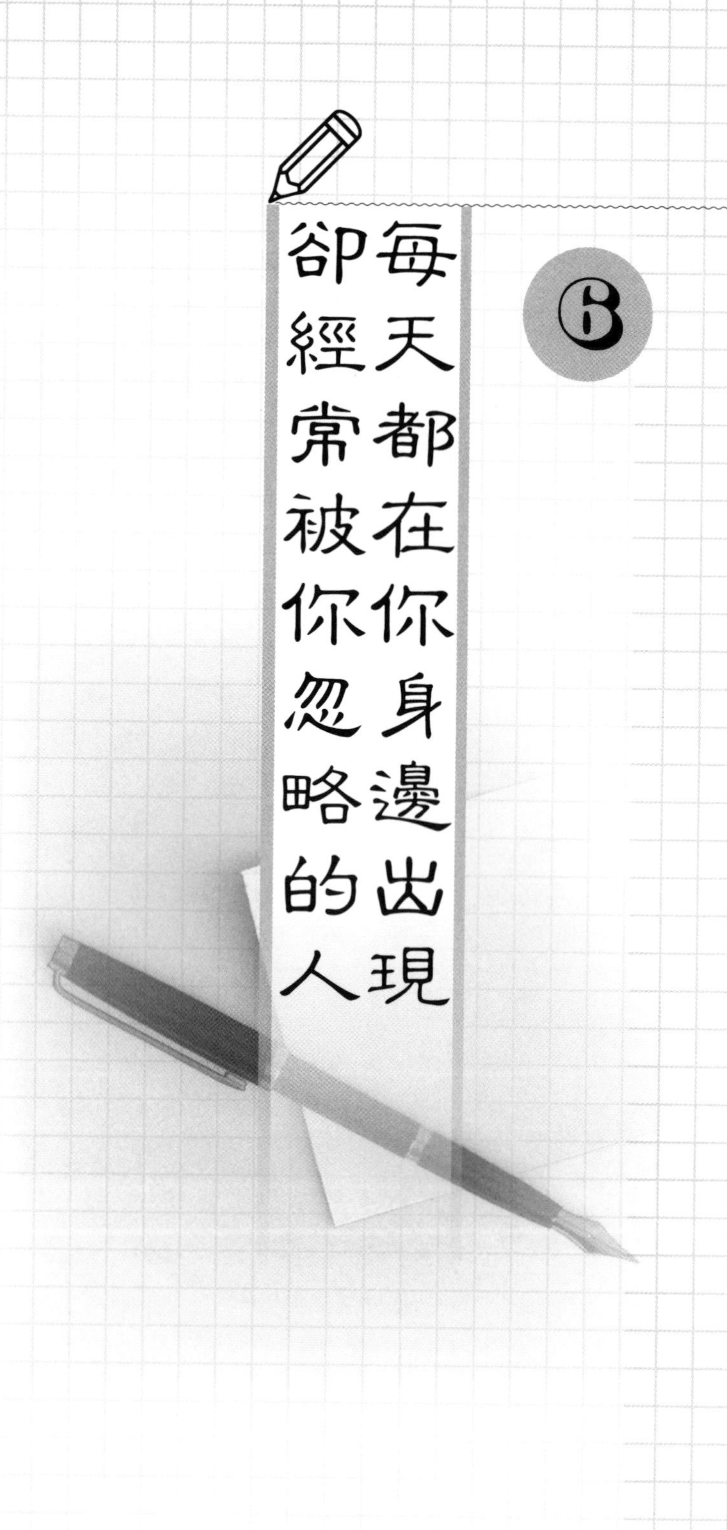

❻ 每天都在你身邊出現卻經常被你忽略的人

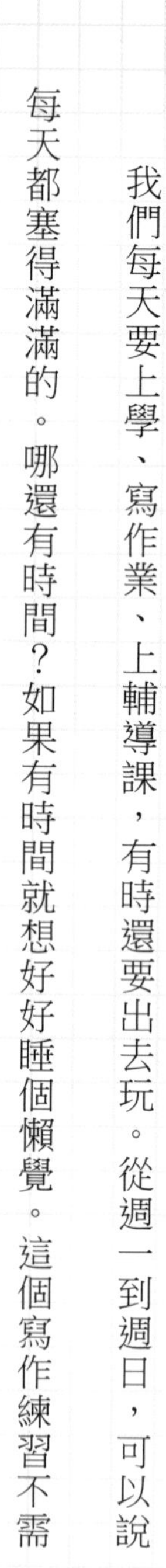

我們每天要上學、寫作業、上輔導課，有時還要出去玩。從週一到週日，可以說每天都塞得滿滿的。哪還有時間？如果有時間就想好好睡個懶覺。這個寫作練習不需要單獨佔用你的時間，你只要把紙和筆帶在身邊，然後在睡覺前用五分鐘寫作就好。

在一天中，你都要接觸到哪些人？爸爸、媽媽、爺爺、奶奶、老師、同學，還有……你還想到誰？好了，找一張紙，把你現在想到的人都寫下來。然後打住，先想到這裡。

接下來，從第二天睜開眼睛開始，留心一下，看看在一天的時間裡，你都接觸了哪些人？然後在你列的單子上對應的稱呼那裡打個勾。比如，早上媽媽叫你起床，那就在「媽媽」下面打個勾；爸爸送你去上學，那就在「爸爸」下面打個勾；上課和同學春麗一起聽國文老師讀課文，那就在「春麗」和「國文老師」下面打個勾；中午去餐廳吃飯，老闆娘問你吃什麼，那就在「老闆娘」下面打個勾——可是名單上沒有她？

沒錯，這位老闆娘可能就是每天都在你身邊出現，但是卻被你忽略了的人。她可能看起來很普通，實在找不出什麼特別的地方，所以我們對她完全沒有印象。但是你

觀察過有關她的細節嗎？也許她今天特別開心，還給你多盛了兩塊肉。為什麼？她的手上什麼時候多了個戒指？她每天有什麼樣的表情？如果你實在想不出來，那就問問她吧！

我們每天都要接觸很多人，但不是每一個人都能讓我們記得住。他們身上可能有很多值得挖掘的地方，也有很多值得寫的故事。我認識一位在大學餐廳工作的阿姨，她熱衷於參加城市馬拉松比賽，還拿過很多次獎，每次見到她都是神采奕奕、精神抖擻。

也許在你的名單上，這位經常被忽略的人是社區的保全叔叔、班上某個沉默的同學，也有可能是和你很親近的人，比如爺爺、奶奶、爸爸、媽媽。因為每天接觸，反而讓我們忽略了他們的存在，這都有可能。

創意寫作練習

1、晚上睡覺前，用幾分鐘的時間，把你能想到的每天和你接觸的人寫到一張紙上。不要想太久，寫那些一下子就進入腦海的人。

2、第二天早上起床後，把這張紙帶在身邊，同時帶一支好寫的筆。遇到你認識的人，就在紙上相應的地方打一個勾。如果紙上沒有寫這個人，在紙的另一個地方記下他是誰。

3、晚上睡覺前，把你記錄好的紙拿出來，看看哪些人是每天接觸卻被你忽略的人，為什麼會忽略他們。憑藉記憶，用幾個詞把他們最顯著的特徵列下來，比如總是盤著頭髮，或者留著大鬍子，或者常穿白色的襯衫，或者說話粗聲粗氣，或者突然換了一個髮型。此外，你發現他和以往有哪些不一樣的地方？

4、看看那些你列出來卻沒出現的人。對這些人也用幾個詞把他們的特徵列下來。他們可能是對你很重要的人，即便不天天出現在身邊，存在感也很強。這些你忽略或對你特別重要的人，都是你在寫作中需要強化描寫的人。在寫的時候，你有時候會感到他們面目模糊，不知怎麼描寫。這樣的記錄有助於你對他們做細節描寫。

7 拼貼故事練習 II

拼貼故事練習有助於激發我們的想像力，發現寫作過程中有趣而充滿創意的一面。

這個拼貼故事練習不需要你自己想出素材，而是從指定的幾種可能性中選出一

項，然後把選出的幾項組合在一起，寫成一個故事。和前面的拼貼故事練習相比，這個練習可選的空間更小，但是可以發揮想像力的空間更大。

根據後面練習中提供的三組辭彙，我選擇了小商販、牙刷、地下車庫。我做了十分鐘的自由寫作，各種想法開始在頭腦裡出現，互相衝撞，然後變成下面這樣：

賈明收拾著報攤上被顧客翻亂的報紙和雜誌，忍不住抱怨了一句：

「光看不買，翻什麼翻！」

剛走不遠的大學生劉佳琪聽見了，回過頭來問：「你說誰呢？」

「誰聽見就說誰！」賈明氣還沒消，頭也沒抬，忙著把一疊晚報碼齊。

「不翻看看怎麼知道要不要買啊，你做生意不能這樣！」劉佳琪轉身走了，覺得無端惹了一肚子氣。她今天放假，想和爸爸媽媽一起去看電影，要不是她堅持要過來買份時裝雜誌，可能他們都已經買到電影票了。

賈明抬頭，一張明朗秀氣的臉龐一晃不見了。他愣了一下，搖搖頭，又繼續整理雜誌。咦，這是什麼？

在一本時裝雜誌下面，躺著一支沒有開封的獅王細毛牙刷。肯定是那個女孩掉的，剛才只有她翻了這本雜誌。怎麼辦？要追上去，還是不管它？

女孩晃著馬尾辮消失在通往地下車庫的電梯上，賈明稍作猶豫，追了過去。

地下車庫裡，劉佳琪在一輛黑色轎車旁停下來，肩膀突然被人拍了一下。

她嚇了一跳，回頭一看是賈明，叫道：「你怎麼追來了？有必要這樣嗎，不就——」

「不是的，妳的——」

「怎麼回事？」劉佳琪爸爸從汽車駕駛座下來，快步走近，一把將賈明推開，好讓他保持一個安全距離。

「幹嘛推我？」

「你追來幹什麼？」

賈明一臉懊惱，他有些後悔，無奈地舉起手裡的牙刷，剛要開口，愣住了。車上走下來一個女人。

「哎，是我剛買的牙刷！學校買不到這個牌子，我剛在超市買的。怎麼忘在你那裡了！」劉佳琪眼睛亮亮的，打量著賈明，有點不好意思。

「對不起啊，錯怪你了。謝啦！」她晃晃手裡的牙刷，轉身上車，留下一句：「媽，我們走。」

劉佳琪和爸爸上了車，媽媽停了一下也上了車。汽車轟地啟動，然後離開，只留下空氣裡汽油燃燒的味道，讓人鼻子發酸。

過了好久，雙眼迷惘的賈明從嗓子裡擠出兩個字：

「媽媽……」

創意寫作練習

下面列出了三組辭彙，都是名詞。從每一組中選出一個，然後把這三個辭彙放到一起，用它們編一個故事。如果你很難做出選擇，那就閉上眼睛隨便用手指一個。寫完以後，用幾分鐘讀一遍，做些修改，然後把它保存好。

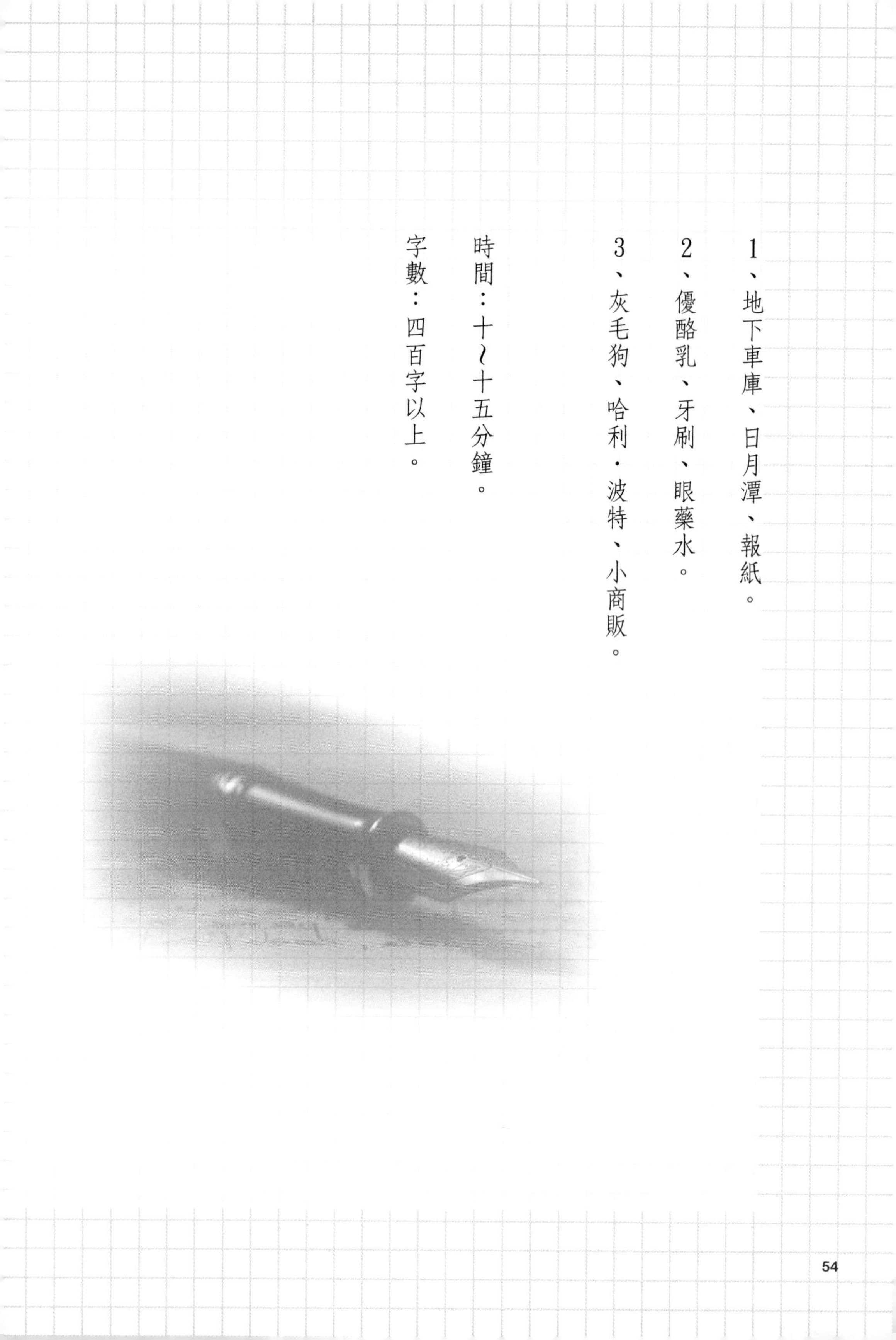

1、地下車庫、日月潭、報紙。

2、優酪乳、牙刷、眼藥水。

3、灰毛狗、哈利・波特、小商販。

時間：十～十五分鐘。

字數：四百字以上。

8

一個你一直想去卻沒去過的地方

你有沒有特別想去一個地方？為什麼想去那裡？是對那裡的景色感興趣，還是因為某個故事中提到這個地方，讓你心嚮往之？抑或某個你認識的人是從那裡來的，因為這個人，你對那個地方充滿期待？

對於這樣的地方，你一定已經獲得了某些資訊。可能是透過媒體，或者透過書本，或者透過別人介紹。這些都是其他人的描述，它們構成了你對這個地方的基礎印象。那你對這個地方的想像是什麼樣的？和你已經瞭解到的相比有什麼特別之處？

每個地方都有它自己的風土民情、歷史文化，每個地方也總有各式各樣性格的人。在這個地球上，沒有被人類踏足的地方幾乎不見了。因此，不論是什麼地方，至少在我們想到的地方，都是和人有關係的。把一個地方與人聯繫起來，這個地方也就有了生命。

創意寫作練習

寫一個你一直想去卻沒有去過的地方。可以是任何地方，即便是火星也沒有問題。要告訴大家這個地方在哪裡，你對這個地方的瞭解有哪些，以及你為什麼想去這個地方。可以加入你的想像力。盡量把這個地方和人聯繫起來，可以是其他人，也可以是你自己。在寫作之前，如果你感覺有必要，先查一下關於這個地方的一些基本資訊或者傳聞逸事。

寫完以後，用幾分鐘讀一遍，做些修改，然後把它保存好。

時間：十～十五分鐘。

字數：四百字以上。

9 感受春天

春天來了。

我們怎麼知道春天來了呢？

公園裡、街道上、學校裡，到處可以看到春天的顏色：桃花、迎春花、杏花、櫻花、玉蘭花……小草綠油油，楊樹柳樹抽芽，槐樹鑽出嫩嫩的葉片……紅色、白色、綠色、粉色、紫色、黃色。這些都是我們看到的。

春天還有什麼？陽光曬到身上暖暖的，我們不用再穿厚厚的羽絨外套，甚至有女孩穿上了漂亮的裙子。天氣暖和了，風吹到臉上柔柔的，時而飄來的柳絮楊花，鑽進鼻子裡癢癢的。摸一摸春天的河水，還是涼的，但不那麼刺骨了。這是我們感覺到的。

還要聞聞春天的味道！花是香的，有的還帶著甜味。灑過水的草坪散發出青草和泥土的芬芳，讓人聞到就覺得愉快。如果你這個時候到農田裡去，恐怕還得忍受肥料臭烘烘的味道。

還有聲音！閉上眼睛，你都聽到了什麼？小鳥的叫聲，小溪的笑聲，風緩緩吹過耳畔的聲音，還有孩子們歡愉玩耍的叫喊聲，甚至於種子發芽、小蟲爬行都可能聽到。

品嚐一下春天的味道吧！槐樹花是香甜的，柳樹芽是青澀的，麥苗是清香而甘甜的，野菜是苦澀而清火的。

這些都是我們對於春天的感覺：看到的，觸到的，聞到的，聽到的，嚐到的。

創意寫作練習

你的感覺能讓讀者進入你的文字，讓他們感受到你所感受的，有一種身歷其境的效果。練習描寫你的各種感覺，可以讓你的作品更加豐滿、更加立體。

請用半天的時間去感受一下春天，比如公園、森林、農田或者馬路邊，調動你的各種感覺來感受它：視覺、味覺、嗅覺、聽覺和觸覺。盡可能把每一種感覺都寫下來，不要漏掉。假如有哪一種感覺給你印象特別深刻，比如視覺，那就多描寫一下這種感覺，然後想一想：為什麼春天對我來說主要是看到的，而不是聽到、聞到或者觸摸到的？這種感覺對你有什麼特別的意義嗎？或者勾起你什麼回憶？比如去年郊遊時認識的朋友？如果有，也請把它寫下來。

如果你願意，可以在公園、森林、田野等戶外場所把你當時的感覺寫下來，但是一定要注意安全。也可以等回到家後再把它們寫下來。寫完以後，用幾分鐘讀一遍，做些修改，然後把它保存好。

時間：十五分鐘。

字數：五百字以上。

10 拼貼故事練習Ⅲ

這個練習和前面的拼貼故事練習有相似之處，也有不同。它更加具體，給出的三組辭彙詞性都不一樣，分別是一個主體、一個動作和一個地方。去掉了更多的選擇空間，讓你在發揮想像力的時候，寫的內容更加具體、生動。

比如對於本章後面練習中給出的三組選項，對蠟筆、尷尬、天空這三個詞，可能一個名叫小凡的男孩看到蠟筆，就想到自己曾經不小心弄斷了同學亮亮的一支綠色蠟筆，被亮亮當著大家的面大聲斥責，讓他尷尬得不得了，這時他想著如果自己也有哆啦A夢的竹蜻蜓就好了，就能飛到天上去躲開他，然後找到那個無所不能的大胖貓幫自己變出一支新蠟筆，還給同學，好把事情擺平，然後再去做一些神奇的事情。

創意寫作練習

下面列出了三組辭彙，每一組都給了幾個詞。從每一組裡隨機挑出一個詞，把它們寫在一張紙上，看看它們之間可能有什麼關聯。先對著它們思考一下，然後用這三個詞寫一個小故事。寫完以後，用幾分鐘讀一遍，做些修改，然後把它保

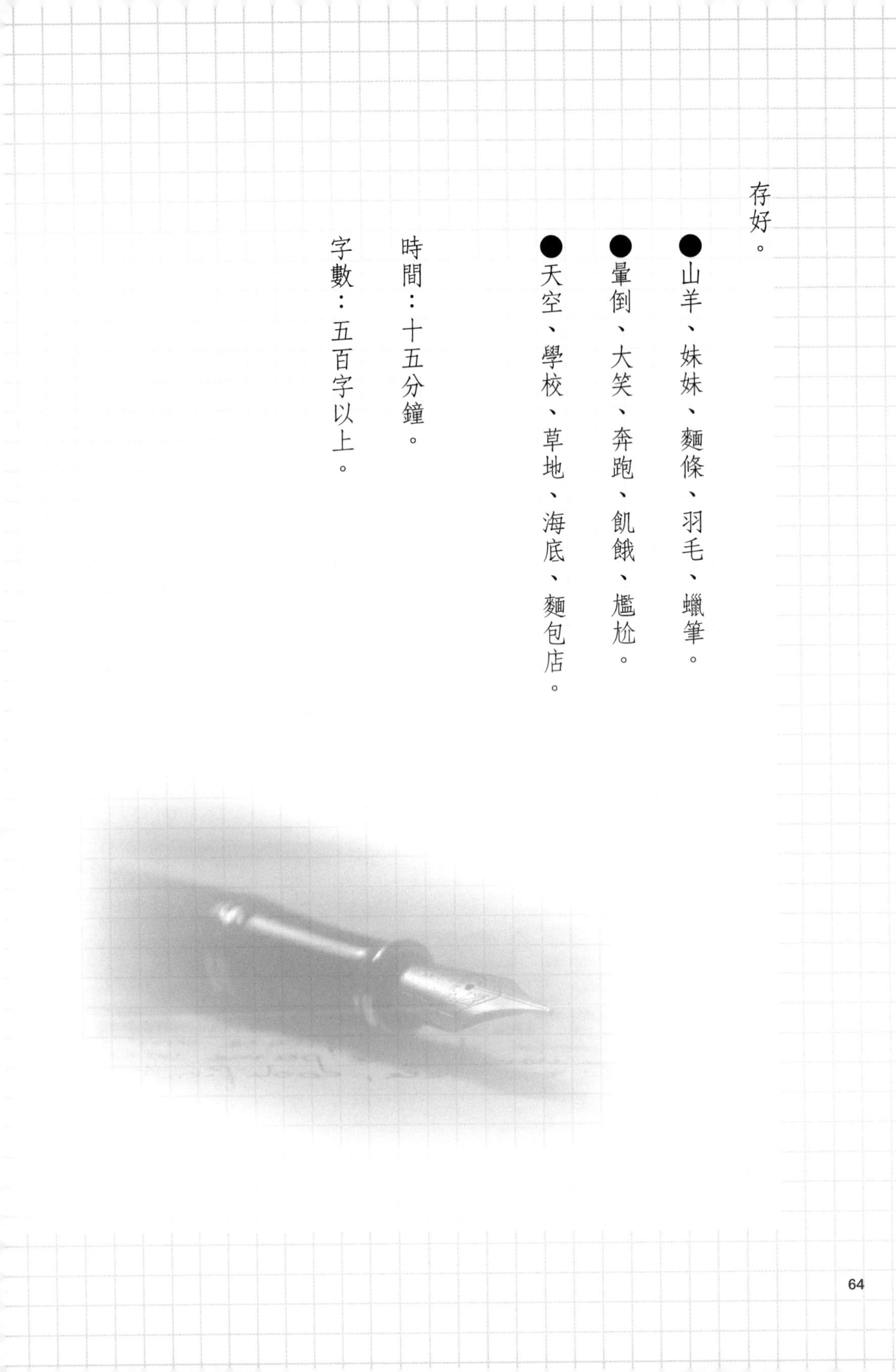

存好。

●山羊、妹妹、麵條、羽毛、蠟筆。

●暈倒、大笑、奔跑、飢餓、尷尬。

●天空、學校、草地、海底、麵包店。

時間：十五分鐘。

字數：五百字以上。

11 一句話開頭練習

高爾基曾說：「寫文章，開頭第一句是最難的，好像音樂裡的定調一樣，往往要費好長時間才能找到它。」一篇好文章，註定要有個好的開頭。一個別開生面、新穎別致的開頭，會讓人產生一種欲讀之而後快之感。所謂「鳳頭」，就是這個道理。

創意寫作練習

從以下的句子中挑選一個，用它做為你的故事開頭，寫上十分鐘。寫完以後，用幾分鐘讀一遍，做些修改，然後把它保存好。

1、那天我放學回家，遇見一個奇怪的人，她的眼睛看著我，但是又好像沒有看見我。

2、今天是星期天，早上起床睜開眼睛，我發現家裡只剩下我一個人。

3、彤彤養了一隻小狗，看起來兇巴巴的，但是不知為什麼，牠特別怕隔壁的那隻白貓。

4、我坐在一輛計程車上，要去圖書館，結果車子越開越快，最後竟然飛了起來。

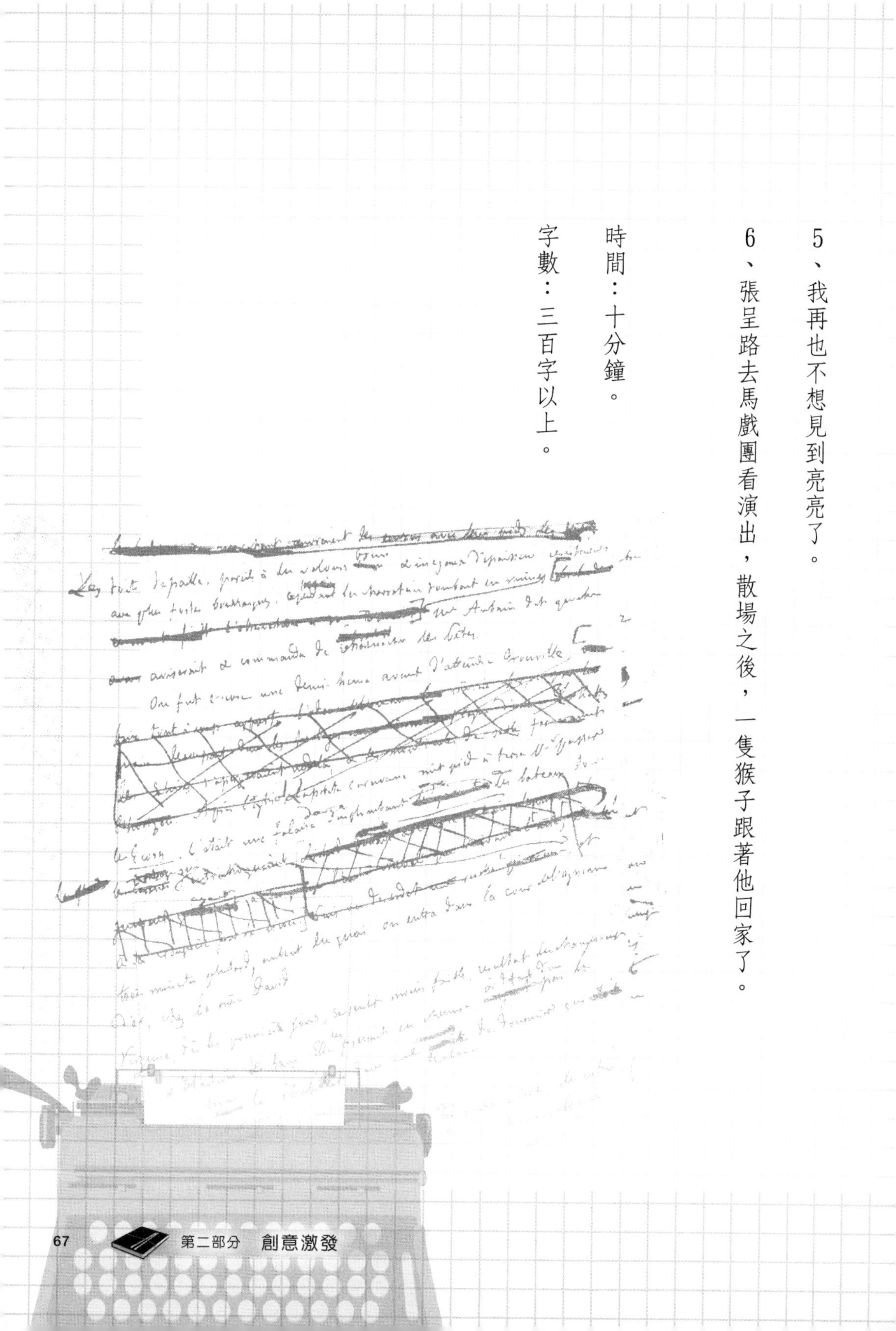

5、我再也不想見到亮亮了。

6、張呈路去馬戲團看演出，散場之後，一隻猴子跟著他回家了。

時間：十分鐘。

字數：三百字以上。

第三部分

故事創作

13歲，作文意外高分
B
C
13歲，撞到
沒有道
A
4歲，在旅館走丟

12 挖掘自己的故事

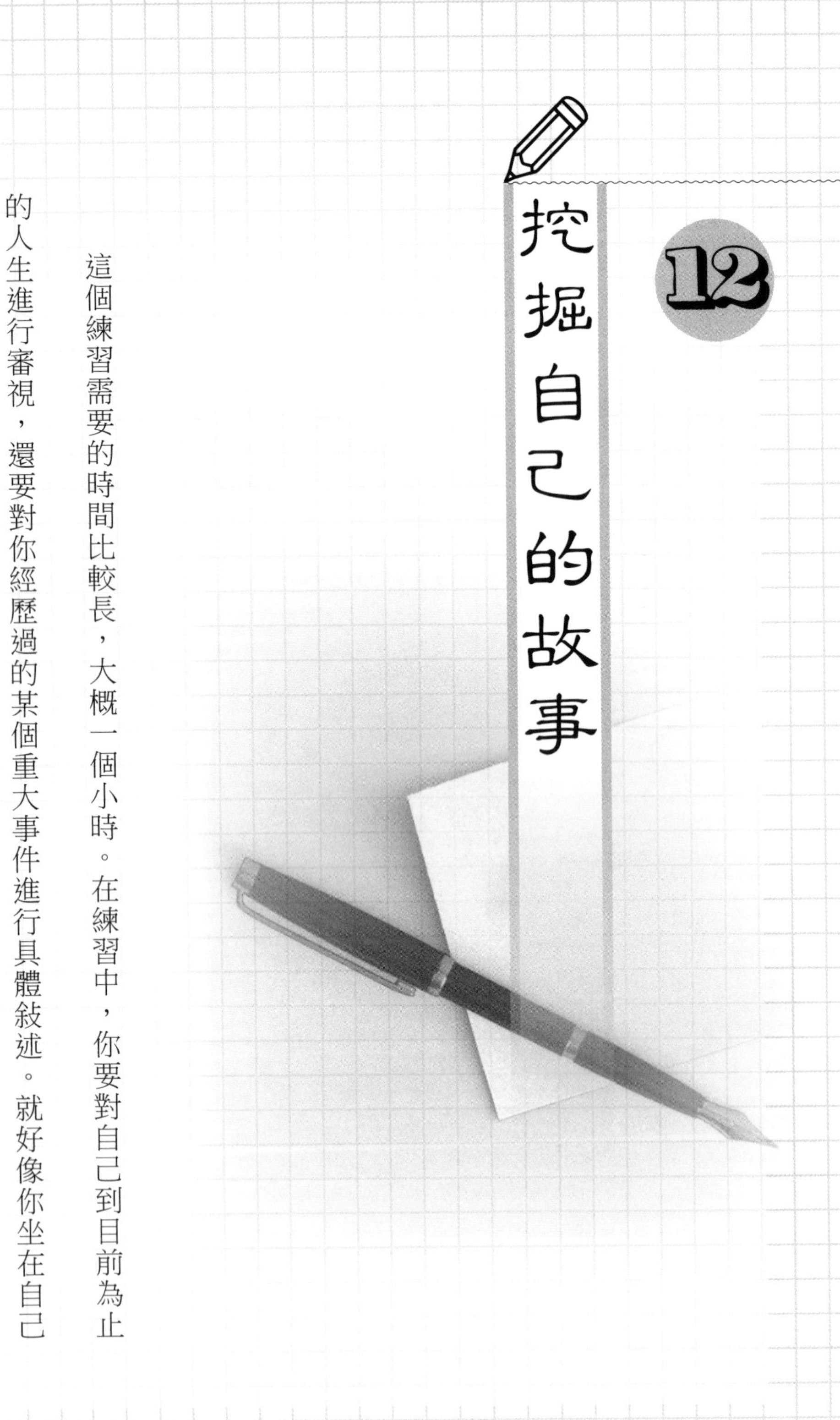

這個練習需要的時間比較長，大概一個小時。在練習中，你要對自己到目前為止的人生進行審視，還要對你經歷過的某個重大事件進行具體敘述。就好像你坐在自己的對面，打量自己，重新認識自己，聽自己把自己的故事講出來。

創意寫作練習

1、把你印象中在自己身上發生過的重大事件列在一頁紙上。用兩三句話簡單概括一下，註明時間、地點。至少列出十項。

2、讀一下你列出的事件，從中挑選一個讓你印象最深的，或者給你帶來最大情感衝擊的事件。

3、閉上眼睛，在腦海中仔細回憶一下，事情發生的具體地方、人物、事件、各種細節，包括你看到的、聽到的、聞到的、摸到的、嚐到的。

4、睜開眼睛，不要再思考，在新的一頁紙上快速寫下你記起的與這個事件相

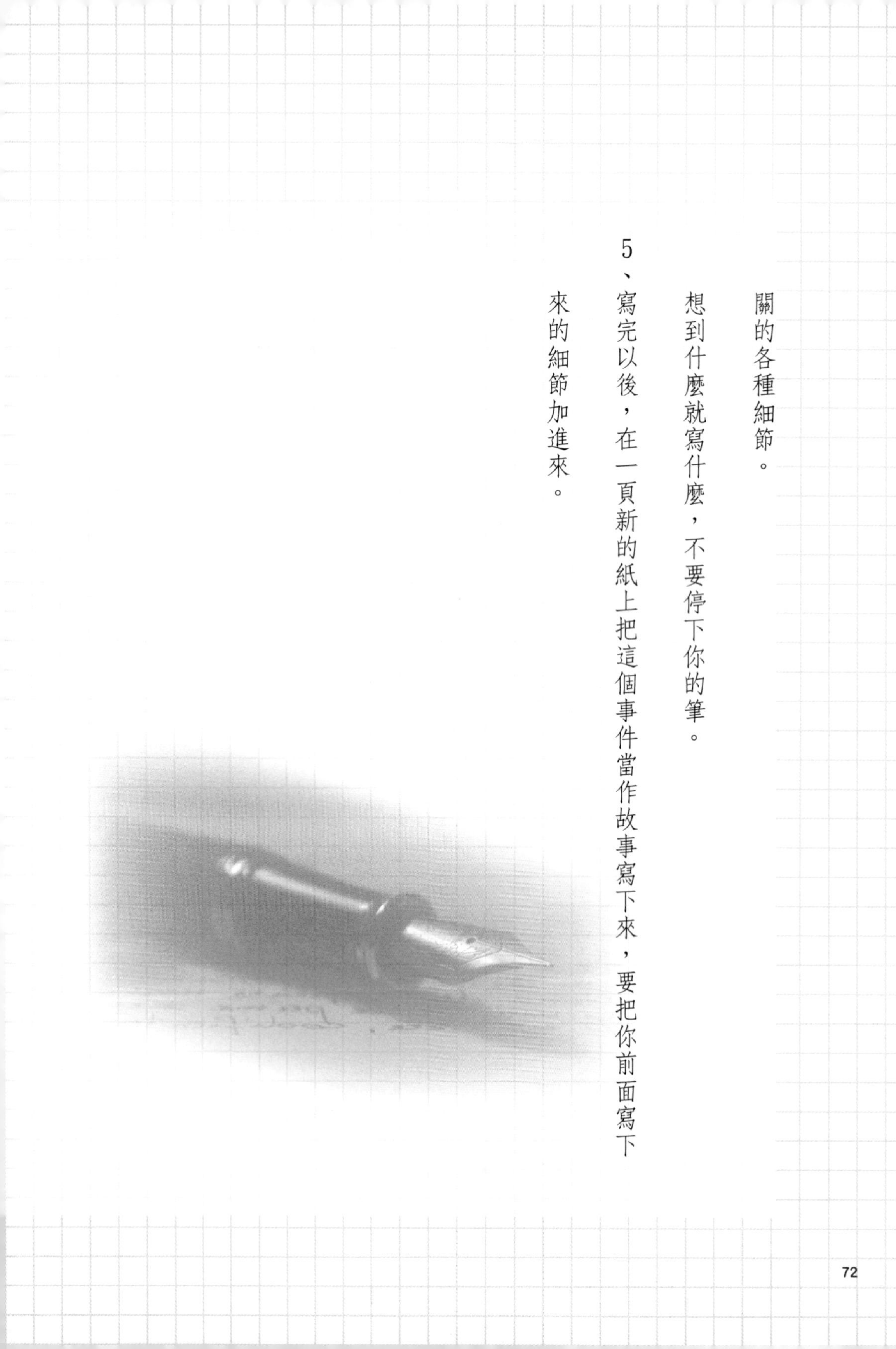

關的各種細節。

想到什麼就寫什麼，不要停下你的筆。

5、寫完以後，在一頁新的紙上把這個事件當作故事寫下來，要把你前面寫下來的細節加進來。

童話改寫練習：現代版《小紅帽》

你一定讀過《格林童話》、《安徒生童話》這一類童話故事吧！世人把它們奉為經典，感動了全世界的讀者。這些一代代傳下來的故事寶藏，不論長短，在它們故事的表面之下，都有一個很深刻的主題，而且是人類共同的主題。比如灰姑娘的故事，講的是一個不被欣賞的女孩最終得到認可；《白雪公主》講的是一個女人的妒忌；《國王的新衣》講的是謊言與真話……等等。

不過，這些故事可有年頭了。很多故事裡面的細節都和我們現在的生活習慣不一樣。比如《賣火柴的小女孩》裡的火柴，我猜想你一個星期（說不定是一個月，甚至一年）都用不到火柴。這些故事大都講得不注重細節，比如小紅帽被大灰狼吞下去時痛不痛？在狼肚子裡是什麼感覺的？國王穿著他的「新衣」出門，不會覺得冷嗎？

有很多好看的小說都是從童話故事或者經典作品改編過來的，比如《魔法灰姑娘》；還有的小說把這些童話當作寶藏，從裡面獲得了大量素材，比如《哈利·波特》。在改寫經典童話故事的時候，我們可以按照自己希望的故事結局來改寫它們，這麼做完全可以只是為了取悅自己。我們還可以豐富裡面的細節，特別是講得含糊存疑的地方。糖果屋為什麼在太陽照射下不會融化掉？螞蟻和蜜蜂不會聞著味道衝過來嗎？我們是不是還可以在上面找到跳跳糖和蛋塔？如果你願意，還可以改寫孫悟空、哪吒他們的故事，比如讓孫悟空找到摘掉緊箍咒的咒語。這些故事已經過了版權保護期，我們在改編它們的時候，對於版權問題完全可以放心。

創意寫作練習

《小紅帽》的故事想必大家都讀過。我不知道你看的是哪個版本，不過我相信，如果要找，我們能夠找到幾十個版本！這裡面有的小紅帽是幼稚好騙的，有的小紅帽力量強大，有的帶點黑色幽默，有的甚至有點血腥。

在這個練習裡，我們試著把小紅帽放到當代社會，地點還在森林裡，但是我們可以假設小紅帽有手機、會上網、喜歡聽流行歌曲。小紅帽的奶奶一個人在森林小屋裡度假，但是她可以看電視，有防盜門，戴老花眼鏡。大灰狼是森林裡所剩不多的野狼，在有人類居住的地方還能夠野外生存的大灰狼是不是更加狡猾了？大灰狼要怎麼對付現代小孩小紅帽和她那有所防備的奶奶？釋放你的想像力，開始寫吧！

請用下面這句話開頭，盡量寫一個完整的故事。如果你喜歡前面假設的小紅帽的情況，儘管寫進去。寫完以後，花幾分鐘讀一遍，做些修改，然後把它保存好。

故事開頭：我叫小紅帽，我住在森林裡。

時間：二十分鐘。

字數：六百字以上。

附：《小紅帽》版本之一：被人救下

很久很久以前，一個小村莊裡住著一個伐木工和他的妻子，他們有一個女兒。鄰村住著她的外婆，她最疼小女孩了，還給她織了一頂非常漂亮的紅帽子，讓她戴著可以暖和些。鄰居看到了，都叫她「小紅帽」。時間一久，再也沒有人叫她的真實姓名了。

有一天，媽媽對她說：「外婆生病了，戴上妳的帽子，幫媽媽帶一些酪餅去探望她。」

於是小紅帽上路了，不久就來到了兩個村子之間的一片樹林裡。這時，一隻大灰狼剛好從這裡走過，看見小紅帽，就說：「小紅帽，妳要到哪裡去呀？」

「我要去看我的外婆，狼先生。」小紅帽答道。

「那她住在哪裡啊？」大灰狼接著又問。

「喔，她住在過了磨坊的第一間小屋裡。她病得很重，我要帶些酪餅去給她。」

「要是她病重的話，我也應該去看望她，」大灰狼說。「我走這條道，妳從樹林裡穿過去，我們比比誰先到外婆家。」剛一說完，牠就搖晃著走開了，然後一路跑到外婆家門口。

「砰砰砰……」大灰狼敲著外婆家的門。

「是誰啊？」外婆問道。

「是我！」大灰狼裝出小紅帽的聲音回答，「外婆，我是小紅帽，我給妳帶來了新鮮好吃的點心！」

「拉一下繩子，門就會開了。」外婆從屋裡喊道。於是大灰狼拉一下繩子，開了門，衝進屋子。牠把可憐的外婆吃了，然後穿上她的睡衣，拿著她的睡帽，扣在自己醜陋粗糙的腦袋上，爬到床上，裝成外婆正在床上睡覺的樣子。「這個老太太真不好吃，」牠心想，「不過那個女孩一定非常美味。」

但是小紅帽還在樹林裡玩呢！她採了很多野花要給外婆，因為外婆不能出門，不能親眼看到春天的花朵。最後，小紅帽玩累了，才出發去外婆家的小屋。

到了外婆家門口，她敲敲門，「砰砰砰……」大灰狼裝出柔弱的聲音，從屋裡喊道：「拉一下繩子，門就會開了。」小紅帽打開門，走了進去。

「把籃子放在桌子上，到我床邊來，」大灰狼說，「我覺得有點冷。」

小紅帽覺得外婆的聲音有點嘶啞，但又立刻想起來可能是因為外婆感冒了，聲音才變得如此。小紅帽一直都是個聽話的孩子，於是她走到了外婆床邊。但是當她看到那毛茸茸的胳膊時，她害怕起來，叫道：「外婆，您的胳膊好長啊！」

「胳膊長，才好抱妳呀，小可愛。」

接著小紅帽又看到睡帽下面露出來的兩隻豎直的長耳朵，說：「外婆，您的耳朵好大哦！」

「耳朵大，才聽得清楚妳說的話呀，小可愛。」

「外婆，您的眼睛好大啊！」

「眼睛大，才能看得清楚妳呀，小可愛。」

「外婆，您的牙齒好大啊！」

「牙齒大，才方便吃妳呀，親愛的。」大灰狼叫道，突然從床上跳了起來。要不是小紅帽跑得快，牠就已經把她吃掉了。

小紅帽尖叫著跑出小屋。幸運的是，伐木工的兒子卡爾正好路過。他很快就用斧頭殺死了大灰狼。小紅帽還是很害怕，但是沒有受傷。卡爾把她送回了家。從那以後，媽媽再也不讓小紅帽獨自穿過那片樹林了。

《小紅帽》版本二：被吃掉

故事經過與第一個版本相同。大灰狼吃掉了奶奶。大灰狼又吃掉了小紅帽。故事講完了。

14

一張故事路線圖

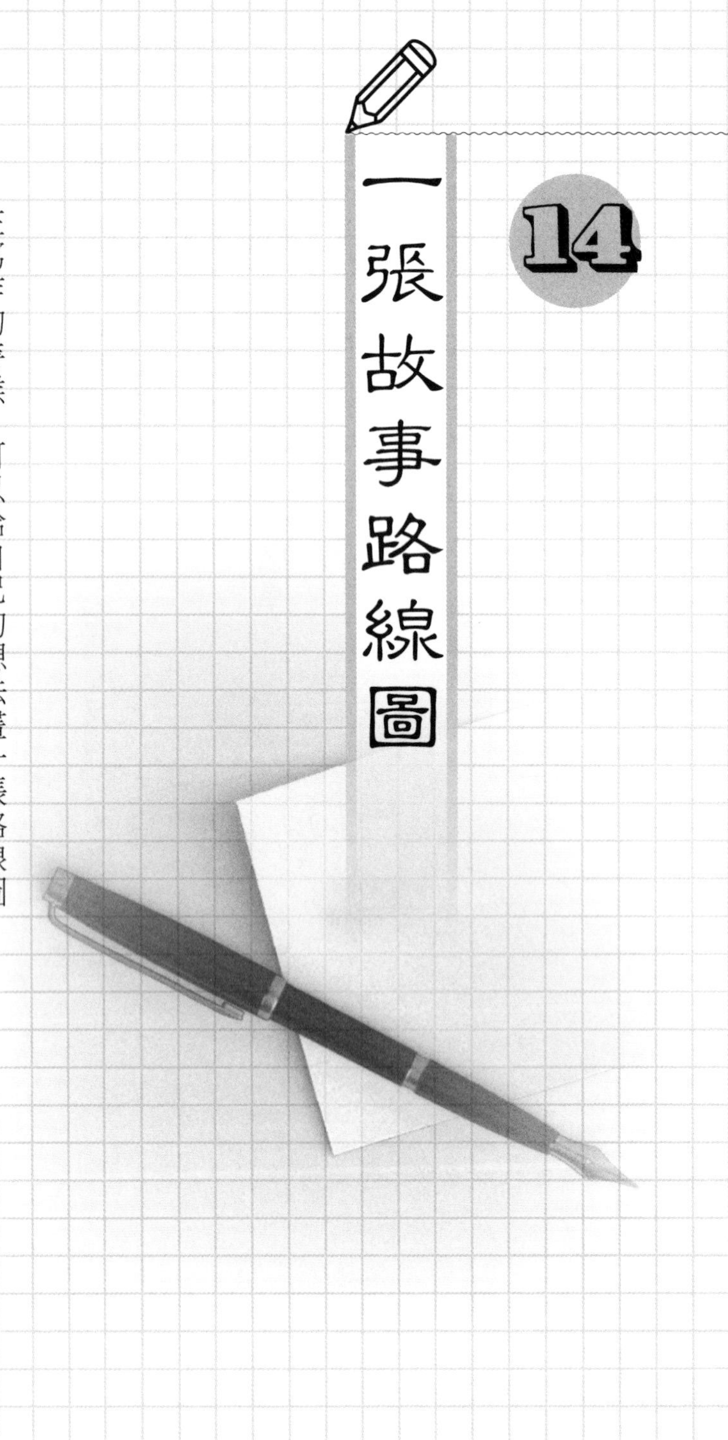

在寫作的時候，可以給自己的想法畫一張路線圖。

我覺得把故事用圖形的方式展示在眼前，對於寫作特別有幫助。它讓我知道接下來要寫什麼，即使因為偶爾要發散開來寫一個次要情節，也能根據圖畫回到故事上來。

這樣寫成一個完整故事的成功率大大提高了。不只一次，我要寫一個故事，但是寫著寫著，發現自己越寫越遠。雖然這樣能讓我在寫作中得到驚喜，但是我開始想寫的那個故事還是沒寫完。這個方法對於寫作總是跑題或者思維過於發散的情形比較有幫助。

有的時候，你預先想好了一個故事，但是在畫圖的時候，卻發現有很多地方想得還不夠細緻，畫圖讓你有機會對這些薄弱或者容易忽略的地方做必要的補充。此外，它還可能帶給你驚喜，也許你突然想在某個地方加一個有趣的插曲。畫面展示和文字講述有很

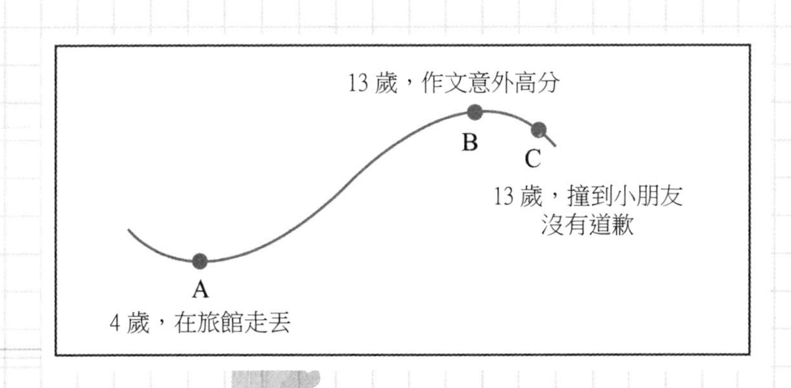

大的不同，用順手了之後，畫圖的直觀效果能給你的寫作助上一臂之力。

比如，我對於自己成長過程中經歷過的幾件事總是耿耿於懷，感覺有什麼東西悶在心裡久久不去。後來隨著長大，我發現克服它需要心理上不斷地成熟和強大。於是我把記憶當中的幾個重點事件列成點，畫在一條線上。

我先畫出一條曲線。這是一個關於成長的故事，我按照時間順序在線上標出A、B、C三個點。其中第三個點對我心理上的影響最大，第一個點距離時間比較久遠。我在B點上畫上一個人形，代表這裡是故事敘述的起點。然後往回連向A點，做一段倒敘。再回到B點，走向C點，達到心理上最重要的點。此點之後，故事結束。寫完這個故事，我感到那種憋在心裡的感覺減輕了許多，像文中寫的那樣，真的「鬆了一口氣」。

「那時我四歲」，我在試卷上寫道。

「第一次和爸爸、媽媽出遠門旅行。我們去了北京，看了天壇、故宮、天安門，還有許多很大、人很多的地方。我的雙腳磨出了泡，很痛。到了晚上，我們住進一家旅館。

這是我第一次住旅館，一模一樣的房間讓我感覺十分新奇，我很想在裡面到處走走看看。但是媽媽不准，她覺得大家累了，需要休息一下。可是我已經忘記了腳痛，在媽媽休息的時候，我就說要上廁所（廁所在外面，是公共的），出門去了。媽媽帶我去過兩次廁所，她反覆問我記不記得房間號碼，然後放我一個人出去。

我上完廁所，忍不住一個人在走廊上走來走去。一排排的房門在一條條的走廊裡排列，在一個四歲孩子的眼中，那真是數不清的房間。等我想回去時，發現記不得自己是從哪條走廊走過來的了。

這些走廊一模一樣，我在其中一條走廊找到媽媽告訴我的房間號碼，敲門，但開門的不是媽媽。我繼續尋找，後來走到另一條走廊，發現那裡有很多水缸，每一口缸裡面都盛滿了涼水。這時已經不知時間過了多久，我覺得腳痛得厲害了。抬頭望著水缸，看到走廊另一個方向有人走過來。是媽媽！還有一個旅館服務人員。媽媽問我怎麼到這裡來了，這麼久也不回去。我說我渴了，來喝水。我沒有告訴媽媽自己是因為迷路了才走到這裡。」

回憶一點點湧上心頭，我把自己四歲時在地下旅館走失，又找到媽媽的經歷寫在了試卷上。

這是六年級時一個「讓我難忘的一次經歷」的作文題目，經過將近十年，我終於完整想起了當時的經歷，然後在試卷上寫下它。在文章結尾，我寫道，重新找到媽媽的喜悅讓我體會到親情的溫暖和任性的危險。這些都是我的真情實感。交上試卷，我仍沉浸在回憶中，對考試結果倒不是那麼在意了。

幾天後，成績下來，我的這篇作文意外得了高分。那時我對寫作文還很抵觸，所以寫作不是我的長項，而這次感到自己並沒有努力想要把它寫好，只是真實地表達了自己的內心，讓真實情感自然而然地流淌出來，反而得到高分。說真的，透過這篇作文，我在心理上收穫了很多，對分數已經不那麼在意。

「真能幹，好孩子！」我想像媽媽看到試卷時會怎麼說。一路上，我哼著歌曲，幾乎小跑著往家走。

「嘭！」我猛地剎住腳步，感到自己撞在什麼東西上。回頭一看，一個只有六、七歲的胖男孩摔倒在地上，過了一會兒才放聲大哭。

他媽媽就站在一旁，一隻手端著一杯滿滿的飲料，另一隻手一把拉起孩子，大聲叫他不要哭。

不知為什麼，我覺得十分尷尬，也許因為男孩媽媽的大聲訓斥。我低下頭，不發一言，轉身繼續趕路。

「怎麼連句話都沒有，不會說對不起嗎？」那個媽媽有點不滿，像是對我說，又不指明。

我此時已經滿臉通紅，更不敢作答，飛快回頭看了一眼，同時加快了腳步。那杯飲料搖搖晃晃，被男孩媽媽抓在手裡。

「啞巴啊？什麼人！別哭了！」更大聲的呵斥傳了過來。我害怕極了，那個孩子此時哭聲更大，還間雜著他媽媽刻薄的抱怨聲。

我雖然比那個男孩大幾歲，但也只是個孩子，感到自己無法應對這樣的局面，就越走越快，生怕聽到那杯飲料還沒喝就打翻在地的聲音。一進家門，什麼話也沒說，把試卷塞給媽媽，來不及聽她的表揚，進到屋裡把自己關起來。

上一刻還歡天喜地，下一刻就沮喪無比。我怪自己得意忘形撞了人，怪自己沒有勇氣把道歉的話說出口，隱隱還有點怪那個媽媽太兇了，又擔心男孩喝不到飲料。唉，不是什麼大不了的事情，弄得小男孩哭得更厲害，我也更加難過。

這時，媽媽推門走進來，問我怎麼了。

我看到她手上的試卷，有點想哭，但是忍住了。

「沒什麼。」

媽媽沒有說表揚的話，只是說：「經過這麼事，沒想到讓你懂事了。」

是啊，每一件事，都能讓我成長吧！我感到鬆了一口氣。

創意寫作練習

寫一匹小馬過河的故事。先給它畫一個故事路線圖，然後參照你畫的圖把故事寫下來。

1、畫一條河，給它畫出幾個彎曲的地方。

2、在河的不同地方畫上三個點，做出標識，比如A、B、C；河這邊為A，河中間為B，河對岸為C。

3、給每一個點一個情節，在旁邊簡單註明一下。

4、在其中的一個點上畫一匹小馬，做為開始敍述的點。提醒一下，你不必畫得太漂亮，自己知道牠是一匹馬就好了。

5、然後用一條線，從小馬所在的點開始，把三個點連起來。如果你選擇中間的一個點做為開始敍述的點，那肯定有一條線是要往回走的，這就是一段倒敍，回憶剛剛的經歷；還有一條線是往前走的，那就是順序講故事。

6、用十五分鐘時間，從小馬所在的點開始講故事，一直講到最後一個情節點。

15 把故事說出來

這個練習要求你先用口頭把想講的故事說一遍，然後根據說的內容整理成一篇文章。

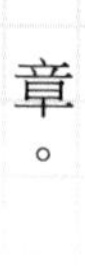

很多時候，我們用說話的方式能夠表達出和寫出來不一樣的東西，這種先口頭表

達再落在筆上的寫作方式，有助於我們開拓思路，讓手中的筆動起來。最好先用錄音筆錄下來，然後根據錄音整理文字，並進行修改。

創意寫作練習

下面照片裡的床是海明威睡過的床。照片上的貓是海明威當年養過的貓的後代。戴帽子的人是海明威故居的導遊。

1、對著照片看三～五分鐘，觀察每一個細節，記住你覺得有意思的地方。

2、打開錄音筆，對這張照片口頭描述一下，把你感到有意思的細節說出來。

如果你認為自己記得住，也可以不用錄音筆。

3、根據錄音或者記憶，把你說的內容整理出來。

4、讀一讀你整理的內容，根據你對圖片的理解進行刪減和補充。

5、把你寫的文字讀兩遍，做必要的修改，然後把它保存好。

16 夢境寫作

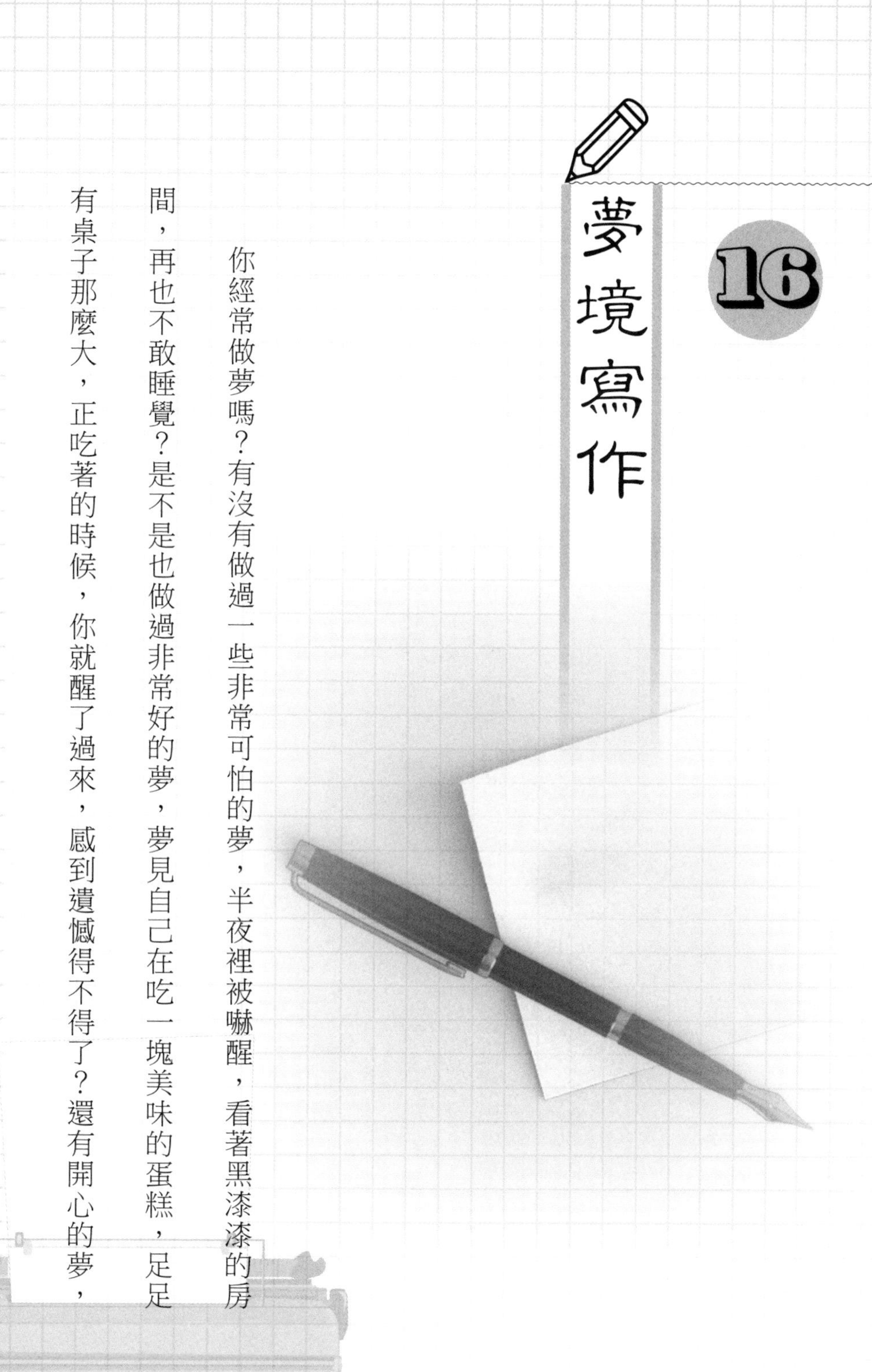

你經常做夢嗎？有沒有做過一些非常可怕的夢，半夜裡被嚇醒，看著黑漆漆的房間，再也不敢睡覺？是不是也做過非常好的夢，夢見自己在吃一塊美味的蛋糕，足足有桌子那麼大，正吃著的時候，你就醒了過來，感到遺憾得不得了？還有開心的夢，讓你在夢裡哈哈大笑。有些夢過了很長時間你都記憶猶新，而有些夢在做的時候很清楚，一醒來馬上就忘記了。

準備一本本子和一支筆，把它們放到床頭櫃上，每天早上醒來時，一睜開眼就把你的夢寫下來。盡量不要漏掉每一個你記得的細節。可能我們不是每天都有夢能記錄，不過做好準備，當你有夢可以記錄的時候，就趕緊把它記下來。剛睜開眼睛將醒未醒時的狀態最適合記錄夢境。有些夢可能十分荒誕，和你平時的經歷、心理有很大反差。這很正常，不必擔心，夢境中很多都是我們潛意識裡的東西。有時則和日常生活沒什麼差別。它們都是你的寫作素材。佛洛依德寫過一本專門研究夢境的書——《夢的解析》，對心理學、文學、哲學等都有很大影響。千萬不要小看我們的夢！

創意寫作練習

每週至少記錄一個自己做過的夢。把這些夢都記錄到一本本子裡。等你記錄了至少五個夢境之後，來做這個練習。

1、從這些夢中挑選一個你認為最有可能發展成一個故事的出來。

2、仔細看兩遍這個夢境，對它展開一下「頭腦風暴」，讓大腦自由發揮想像力。看看如果要把它發展成一個故事，有些什麼可能性。把你想到的可能故事線索列下來，至少列出五個，越多越好。多寫幾個，也許有驚喜在後面等著你。即便沒有，你也不會損失什麼。

3、把你寫下的各種故事可能性看一下，從中挑選一個你最喜歡的。

4、根據這個夢境和你挑選的故事線索寫一個故事。最好用第一人稱來寫，因為這是你自己親身經歷的夢境。

這個練習沒有時間要求，但是你要一次性把故事的基本情節寫完，寫成一個相對完整的故事。也許你感覺這個故事有發展成長篇的潛力，對此你可以做好記錄，留待以後開發。寫完以後，用幾分鐘讀一遍，做些修改，然後把它保存好。

17 展示與敘述

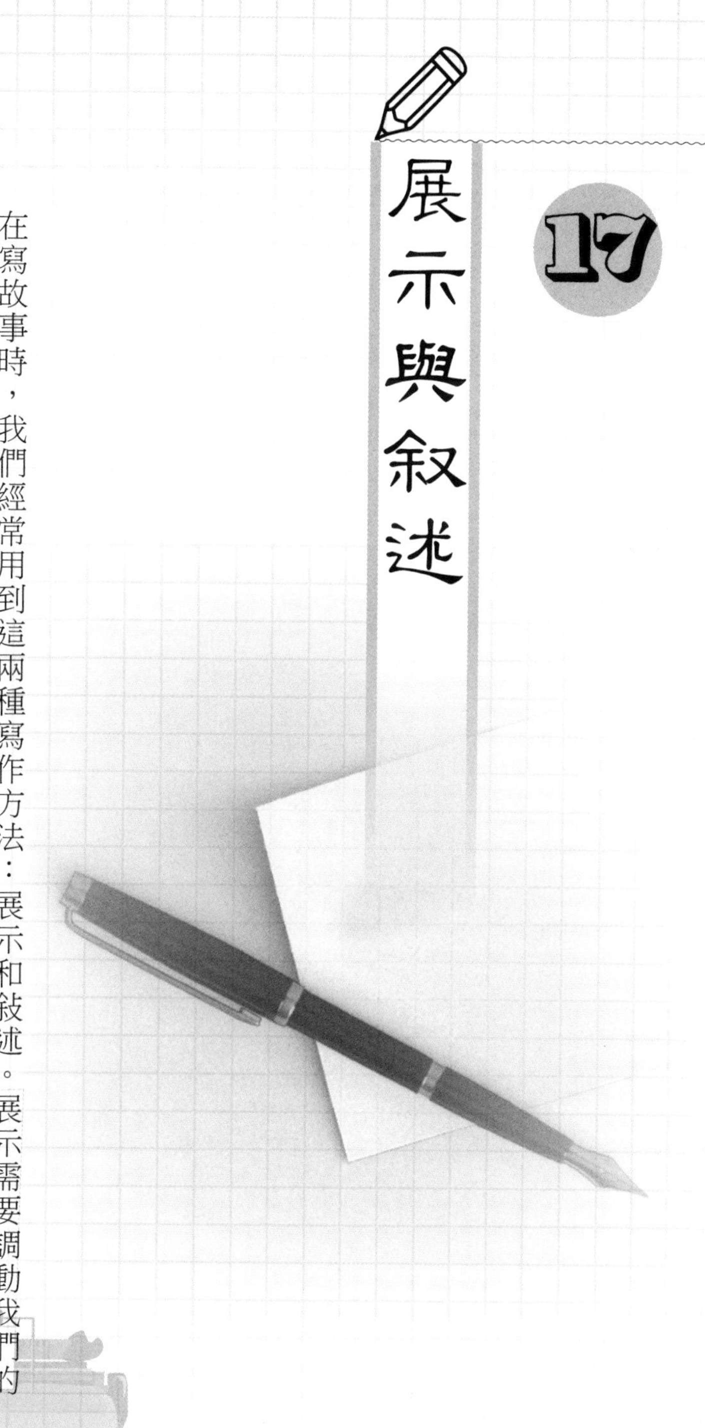

在寫故事時，我們經常用到這兩種寫作方法：展示和敍述。展示需要調動我們的各種感覺，包括視覺、聽覺、嗅覺、味覺、觸覺。透過這些感覺，我們把一個場景當中的關鍵細節展示給讀者。有的細節呈現出故事的核心內容，有的細節則可能帶有某種暗示，形成弦外之音。細節描寫好了，能夠讓讀者身臨其境，感受到你所感受到的東西，被你的故事吸引住。當然細節也不是越多、越具體越好，這需要你多寫、多練習，慢慢累積經驗。

敍述就是用描述性的語言把你要表達的內容概括出來，經常在對較長時間裡發生的事情進行概述，或者回顧、加入背景資訊、對某個情節進行解釋的時候使用。敍述讓讀者瞭解到的是概括性內容，在裡面我們感受不到細節，就像一個長鏡頭，我們看到的是一個整體，有籠統的概貌。相對而言，展示就像是近鏡頭，我們看到的是一個特寫，有局部的細節。

比如：

我拿著一支黑色的派克水筆不停地寫字，肩膀一陣痠痛。

這是展示。

我寫了很長時間。

這是敘述。

湯姆和傑瑞在客廳相遇，傑瑞飛快地跑向樓梯，湯姆一個縱身，擋在樓梯口。

這是展示。

湯姆和傑瑞是一對冤家，見面就追逐打鬧。

這是敘述。

很多作家都建議，要多展示、少敘述。這種說法適合寫故事。實際寫作中，我們需要把兩種方法都應用起來，根據需要調整鏡頭的遠近。在描寫動作、特別是衝突環

節的時候，需要應用更多的展示。在加快節奏、概述故事，以及銜接不同的情節或者加入背景資訊的時候，需要用到敍述。當然這也不是絕對的，要根據具體情況判斷。

對這兩種寫作方法多加練習，能讓我們的作品張弛有度，更加吸引人，也更有說服力。

創意寫作練習

從下面幾個場景中挑選一到兩個，如果你願意，也可以把它們都做一遍。對它們分別用展示和敍述兩種方法進行寫作，每種寫上十～十五分鐘，分別寫成不少於四百字的故事，然後比較一下它們的效果。

1、醫院裡，舅媽躺在病床上，舅舅則沉著臉坐在一旁，眼睛看向窗外。

2、今天放學後小凡和幾個同學一起玩，結果回家晚了，打開大門，看到爸爸一臉嚴肅地走過來。

3、你參加春季旅遊，來到一片森林裡。

4、週末的時候，你和爸爸媽媽一起去看望爺爺奶奶，他們給你講起自己當年的經歷。

5、你到圖書館去借書。

注意：如果使用展示，你可能需要寫醫院裡看到的景象，消毒水的味道，場景中人物的動作……等等。使用展示的時候還可以把對話記錄下來，而不必把自己的判斷或者結論告訴讀者，讓讀者根據看到的內容去自行理解。敍述則是站在一定高度上，對事情的來龍去脈做出概括。

18 童話改寫練習：讓他們在故事中相遇

前面我們改寫了《小紅帽》的故事。這個改寫練習也是從童話故事入手。可以說，豐富的童話故事之海給我們提供了取之不盡、用之不竭的素材與靈感寶藏。與前面不同，這個練習要求我們把幾個童話故事中的人物放到一個故事中，看看不同故事中的人物遇到之後，會發生什麼事情。最好挑選那些具備某些共同之處的人物，比如經歷相似、目的相似、性格也相似，這樣他們在一起時顯得比較自然。

創意寫作練習

從下面選擇一組人物搭配，按照你的設想寫一寫不同童話故事人物相遇之後發生的故事。也可以選擇其他童話故事中的人物，把你感興趣的人物放在一起。要讓他們經歷磨難，然後達到目的或者獲得幸福，這個情節在原來的故事裡就給他們設定好了。你在寫作的時候，注意要盡量讓人物主要透過自己的努力來擺脫困境。寫完以後，用幾分鐘讀一遍，做些修改，然後把它保存好。

1、愛麗絲和皮諾丘。愛麗絲被龍捲風颳飛，離開了家鄉，她想要回家。皮諾丘因為撒謊鼻子長長了，他希望恢復自己原來的模樣。愛麗絲來到另一個世界之後，遇到了鼻子變長的皮諾丘，他們都想回到自己原來的地方或狀態。他們會遇到什麼困難，又要怎樣努力才能達到目的？

2、白雪公主和小紅帽在森林裡相遇了。兩個柔弱善良的小姑娘都遇到迫害她們的人或者動物——一個是繼母，一個是大灰狼。原來的故事裡白雪公主被小矮人和王子救下了；小紅帽被獵人救出來了。我們讓兩個小姑娘在森林裡相遇，然後成為朋友。她們在被追殺的時候，做出什麼努力，或者在什麼地方改變自己，讓自己變得更加強大，最後擺脫了迫害，殺死壞人？王子和獵人仍然可以是幫助她們的人，但是我們要讓兩個小姑娘透過自己更多的努力獲得勝利。

3、灰姑娘和賣火柴的小女孩，兩個都是苦命的孩子，灰姑娘最後得到了幸福，賣火柴的小女孩則在寒風中凍死。灰姑娘在受苦的時候並沒有怨天尤人，反而保持樂觀開朗的心情，保留住那顆善良而美好的心靈，這也是她吸引王子的內在力量。賣火柴的小女孩雖然孤苦無依，但是仍在火光中看到了希望，最後懷著最美好的憧憬離開人間。我們讓這兩個善良的女孩相遇，成為朋友，在困難面前互相扶持，最終擺脫困境，獲得幸福。她們要怎樣努力才能做到？你仍然可以讓賣火柴的小女孩死去，不過也許她是為了救出灰姑娘而犧牲了自己。

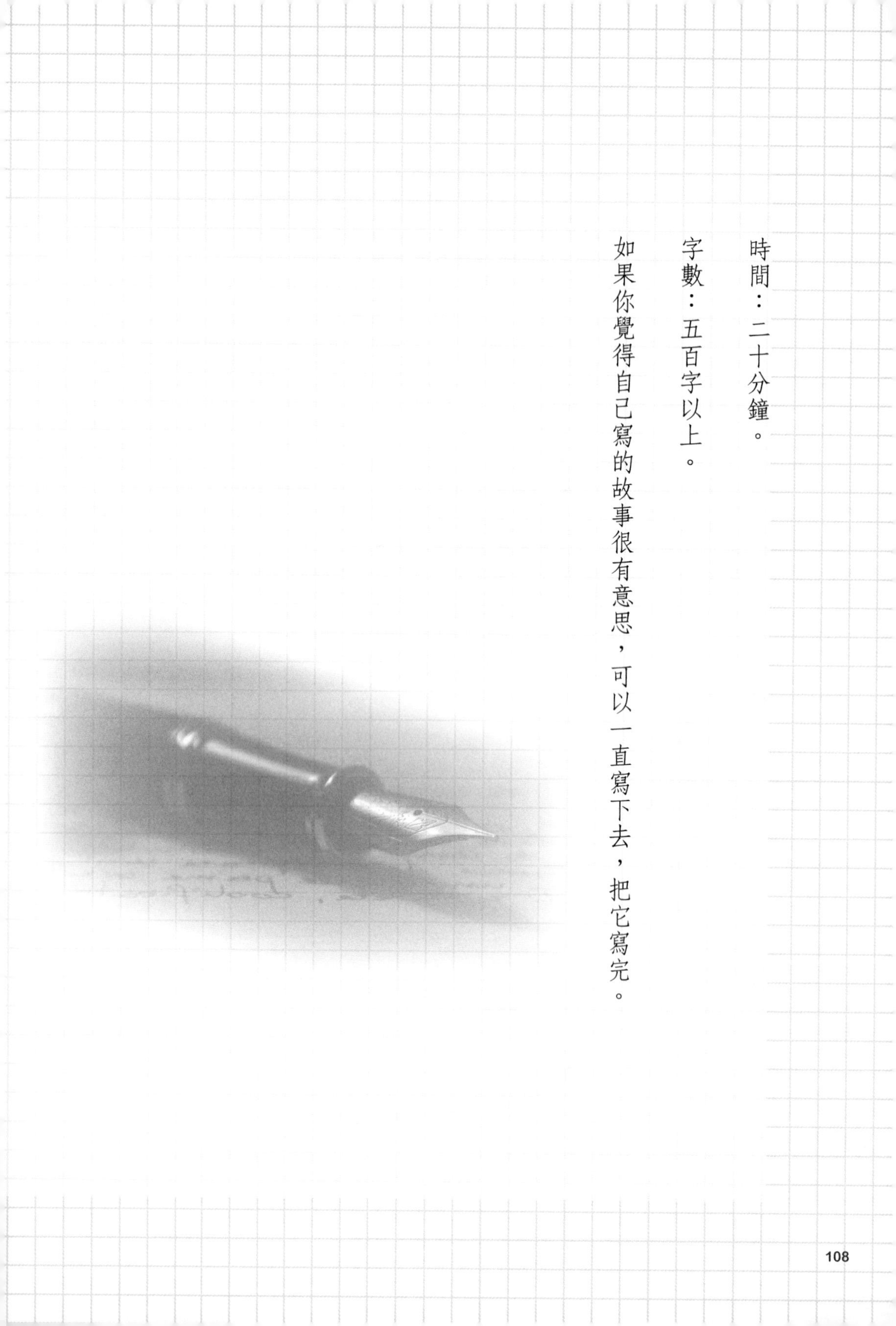

時間：二十分鐘。

字數：五百字以上。

如果你覺得自己寫的故事很有意思，可以一直寫下去，把它寫完。

19 給創造力插上翅膀——如何寫虛構故事

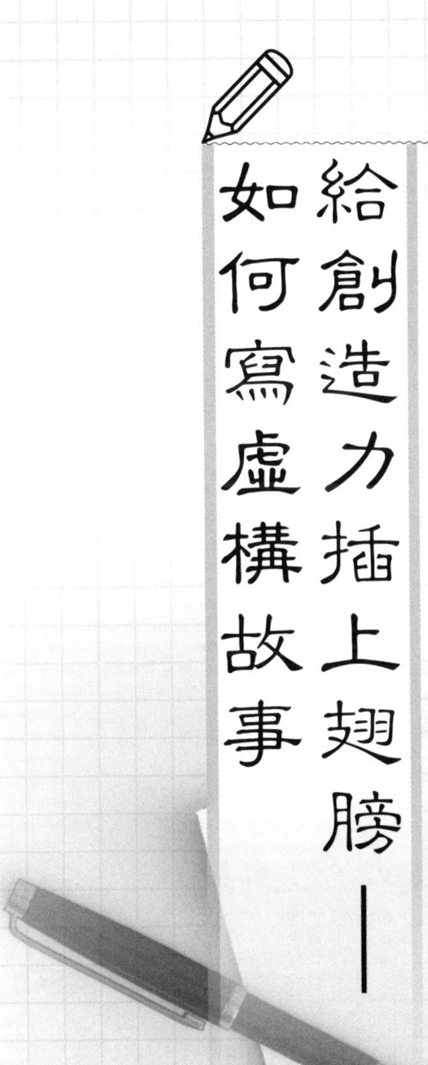

我們來看看下面三組文字：

1、小馬來到河邊，蹚水走過小河。

2、小馬來到河邊，很擔心能不能過河，牠努力克服困難和恐懼心理，蹚水走過小河。

3、小馬來到河邊，想要過河，河水嘩嘩地流得很急，看起來也很深。小馬有點害怕，但是媽媽鼓勵牠努力嘗試。牠鼓足勇氣，小心翼翼地往河裡走去，河水很冰，河底的小碎石差點把牠絆倒，牠迅速調整腳步，發現河水只到膝蓋的高度，於是快速蹚水走過小河。

這三組文字講的都是同一個故事，看一看，除了字數越來越多，它們都有什麼區別？

第一組講了一件事情，只是一件事情，而不是一個故事。我們既不擔心小馬能不能過河，也感覺不到小馬有什麼想法。

第二組裡，我們瞭解到小馬的心情，知道牠有點擔心，但是具體有什麼困難，我們不知道。這裡只有概括描述，沒有細節，很難讓讀者產生共鳴。

第三組裡，我們知道小馬的想法，以及牠遇到的具體的困難。我們能夠聽到河水嘩嘩的聲音，看到河水的深度，感到河水的溫度和河底的碎石塊，以及媽媽期待的目光。我們開始擔心小馬了，希望牠能夠順利走過河去，不讓媽媽失望。實際上，我們聽過的小馬過河的故事寫得更長，牛伯伯和小松鼠讓故事變得更加複雜。

在虛構故事裡，一帆風順的幸福快樂生活是不能帶給讀者閱讀樂趣的。你去看看童話故事，絕大部分篇幅都在講主角遭受的艱難困苦，到最後，一句話就概括完克服困難後的生活：「從此他們過著幸福快樂的日子。」

主角有動機要做什麼事情時，遇到了困難，才會吸引我們繼續看下去。為了克服困難，他採取了行動，然後產生了結果。具體的行動是什麼？為什麼面對困難也要去做？這樣做會產生什麼後果？這就是故事最基本的結構：願望、困難、行動、結果。

要記住，在整個過程中，主角都是有情感、有想法的，這是主角採取行動去克服困難的內在驅動因素，也是讓讀者認同主角，並且讓故事更加可信的關鍵所在。

創意寫作練習

從下面的選項中挑選一個，把它寫成有動機、有困難、有行動、有結果的故事，要在故事裡把心理活動和情感描寫加進來。

1、小鳥學習飛翔，飛向了天空。

2、丁丁玩壞了爸爸的手機，向爸爸道歉。

3、下週就要考試了，小凡還沒有做好準備。

第四部分

字裡行間

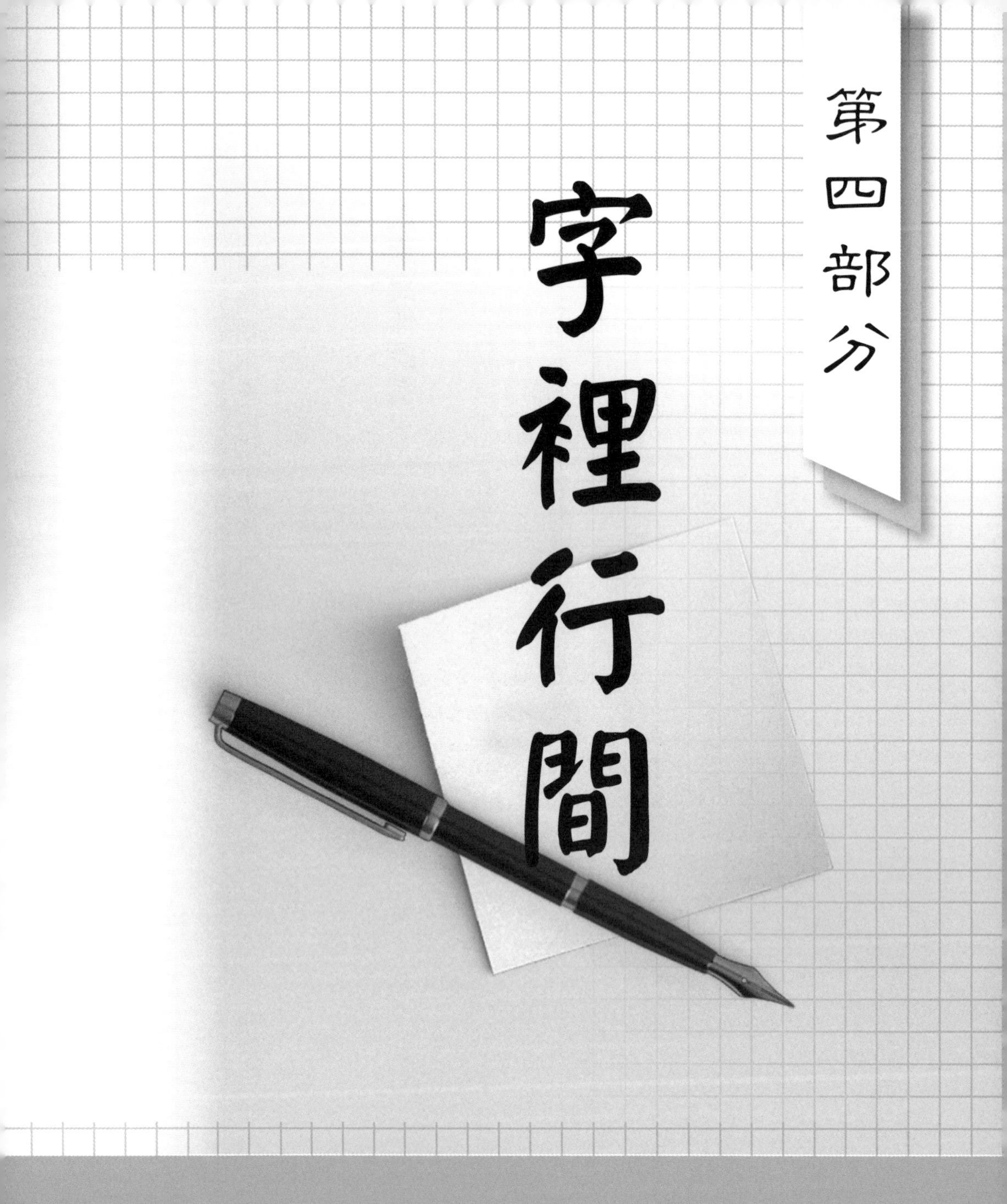

20 在修改中前進：挖掘你的文字

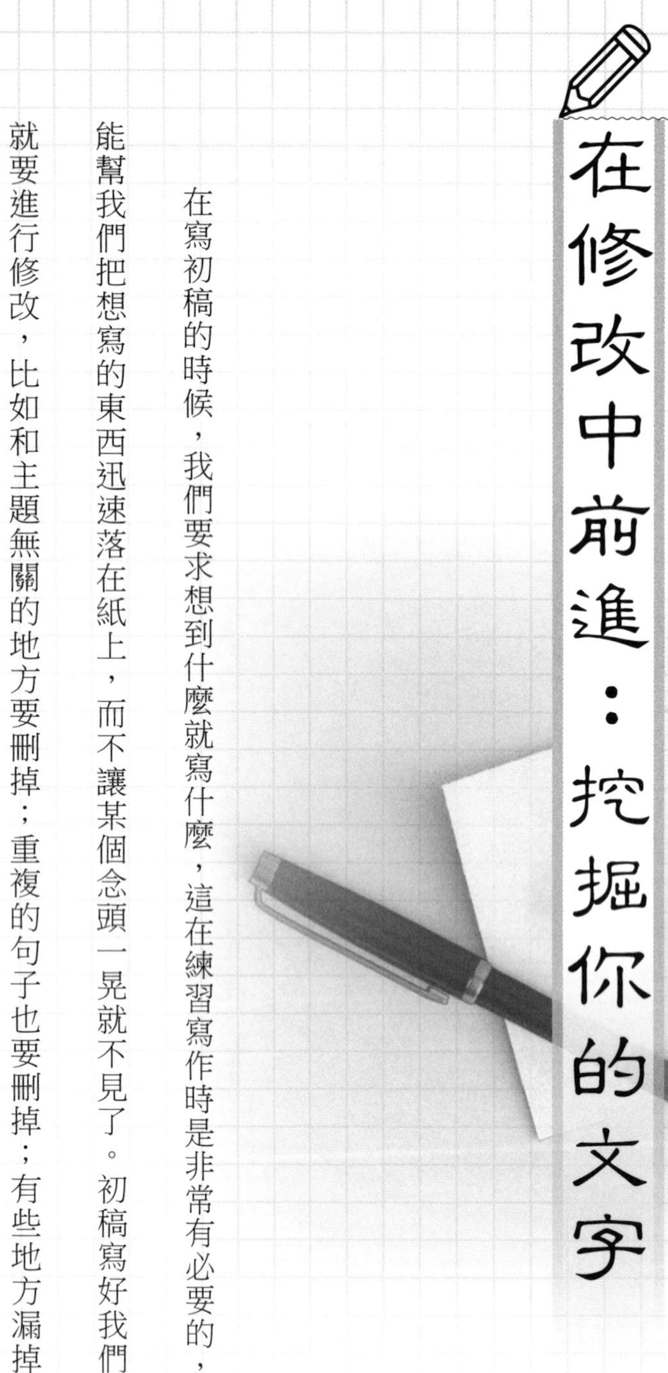

在寫初稿的時候，我們要求想到什麼就寫什麼，這在練習寫作時是非常有必要的，能幫我們把想寫的東西迅速落在紙上，而不讓某個念頭一晃就不見了。初稿寫好我們就要進行修改，比如和主題無關的地方要刪掉；重複的句子也要刪掉；有些地方漏掉

了資訊，需要補齊。

海明威曾經說過：「所有的初稿都是狗屎一堆。」

所以，初稿寫得不好看，不是什麼大不了的事情。可能有極少數的人下筆如神，提筆就能寫出精彩絕倫的文章來，但是地球上有超過六十億人，與其希望讓自己成為這樣極少數的人，不如努力學習一下怎樣修改，這樣做對你絕對是有幫助的。

以寫故事為例，可以按照下面的步驟進行修改：

1、花幾分鐘讀一下初稿。順手改掉明顯的錯別字和語法問題。

2、確認故事的主題是什麼，把它標示出來。要維持這個主題是一個值得寫的東西，在這個主題下，主角在故事中有成長、有改變。這個成長和改變一定要與主題有直接的關聯。

3、把與主題不相關的地方刪去。

4、找到與主題關係密切的值得深入挖掘的地方，把這個地方標示出來。

5、仔細思考一會兒，把主題和這個值得深入挖掘的地方來回想幾遍，找到把它們結合起來的點。

6、根據你找到的點，把需要補充的內容寫下來。

7、如果有必要，修改一下結尾。

8、再通讀一遍，把你能發現需要修改的地方都改好。

9、把它放上幾天，甚至幾個星期。等你快把它忘記了，再拿出來讀一下，改一改你認為需要修改的地方。也可以給你信任的人看一下，讓他們提出建議，至於是否採納，要看你自己的判斷。

比如，我要寫一篇文章，記述清明節掃墓的事情。我們可以叫它為記敘文，也可以說這是一個故事。我和家人去掃墓，看到了什麼，聽到了什麼，想到了什麼，都是我的經歷。我在寫初稿時，要把記得的和想到的東西都寫下來。

寫完之後，讀一下初稿。思考一下文章的主題是什麼？整個掃墓過程中什麼讓我印象最深刻？經過掃墓後，我的心理有什麼變化？變化在哪裡？讀者看過後，他從我這裡能得到什麼？多問自己類似的問題，找到文章的主題。可能在掃墓中，讓我印象最深的是父親流下的淚水，平時嚴肅甚至有點嚴厲的父親，在這一刻的表現讓我對他的看法有了改變，他對自己父親的感情讓我反思了我平時對父親的看法，而讀者也可能從中反觀自身，有所領悟。於是，我的主題可以定位為：透過掃墓，重新認識父親以及我與父親的關係。

再看看哪些地方需要刪去，哪些地方要深入挖掘：哪些地方是值得記錄下來的？哪些地方是不必提及的？哪些是有潛力深度開發的？比如：坐什麼車去的，路上經過哪些地方，天氣怎樣，掃墓時都做了什麼，放在墓碑前的一束菊花，父親說給自己父親的一句話，回來時的交通狀況。

在我看來，去墓地時的天氣值得一提，中國自古有「清明時節雨紛紛」的描寫，與掃墓人心情有所映照。去墓地的交通工具則看情況，如果路上因為塞車增加了對掃墓的期待或不耐煩則值得一提。掃墓時做了什麼以及我心裡的想法屬於文章核心事件的細節，需要用清晰簡明的文字說明，盡量顧及到細節，比如修剪墓碑旁的樹，點明是松柏更好；爸爸灑了一瓶酒，點明是二鍋頭更好。

父親的眼淚是一個值得深入挖掘的地方：平時我和父親關係緊張時的樣子，來時路上我們如果仍有衝突的言語，則能夠增加這篇文章的張力。這時我想到了什麼？父親和平時印象當中有什麼不一樣？父親對自己父親說的話，讓我對父親有什麼改觀？這次掃墓之行讓我們對彼此的理解加深了。如果我在掃墓時說了什麼、做了什麼，讓父親對我也產生改觀，也要寫下來，這些都是與主題關係密切的地方。要注意在說明細節時盡量用展示的方法，少做判斷或把你的結論直接拿出來。讓讀者看到你做了什麼、想了什麼、有什麼變化，效果會更好。

創意寫作練習

從你之前寫過的記敍文中挑選一篇，對它進行修改。仔細想一想主題是什麼，哪裡是多餘的，哪裡是可以深入挖掘的地方。要牢記，這個可以深入挖掘的地方是和你的文章主題直接相關的，而且經過這件事情，你或者在行為上、或者和別人的關係上、或者心理上產生了變化。把這種變化展示出來。

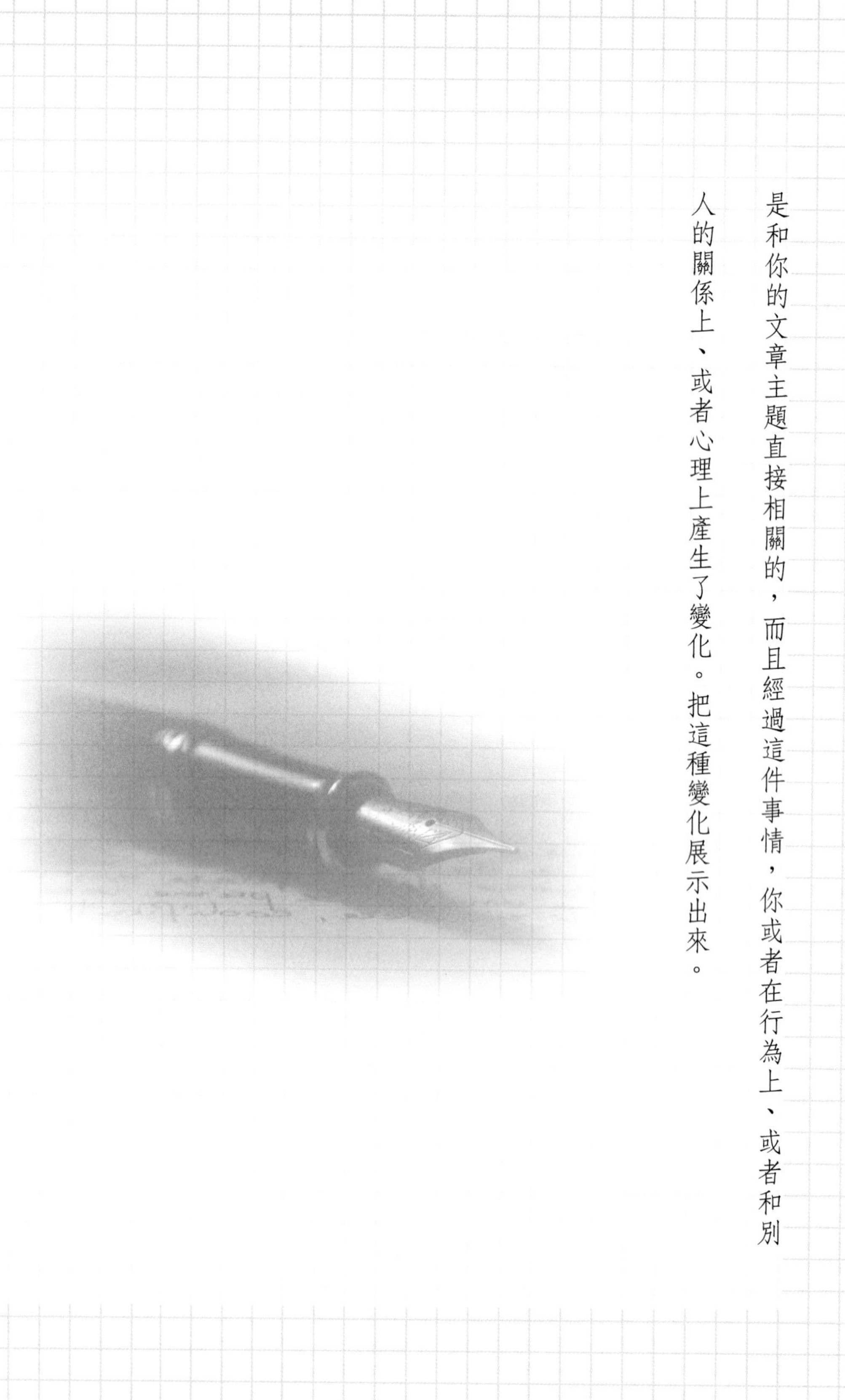

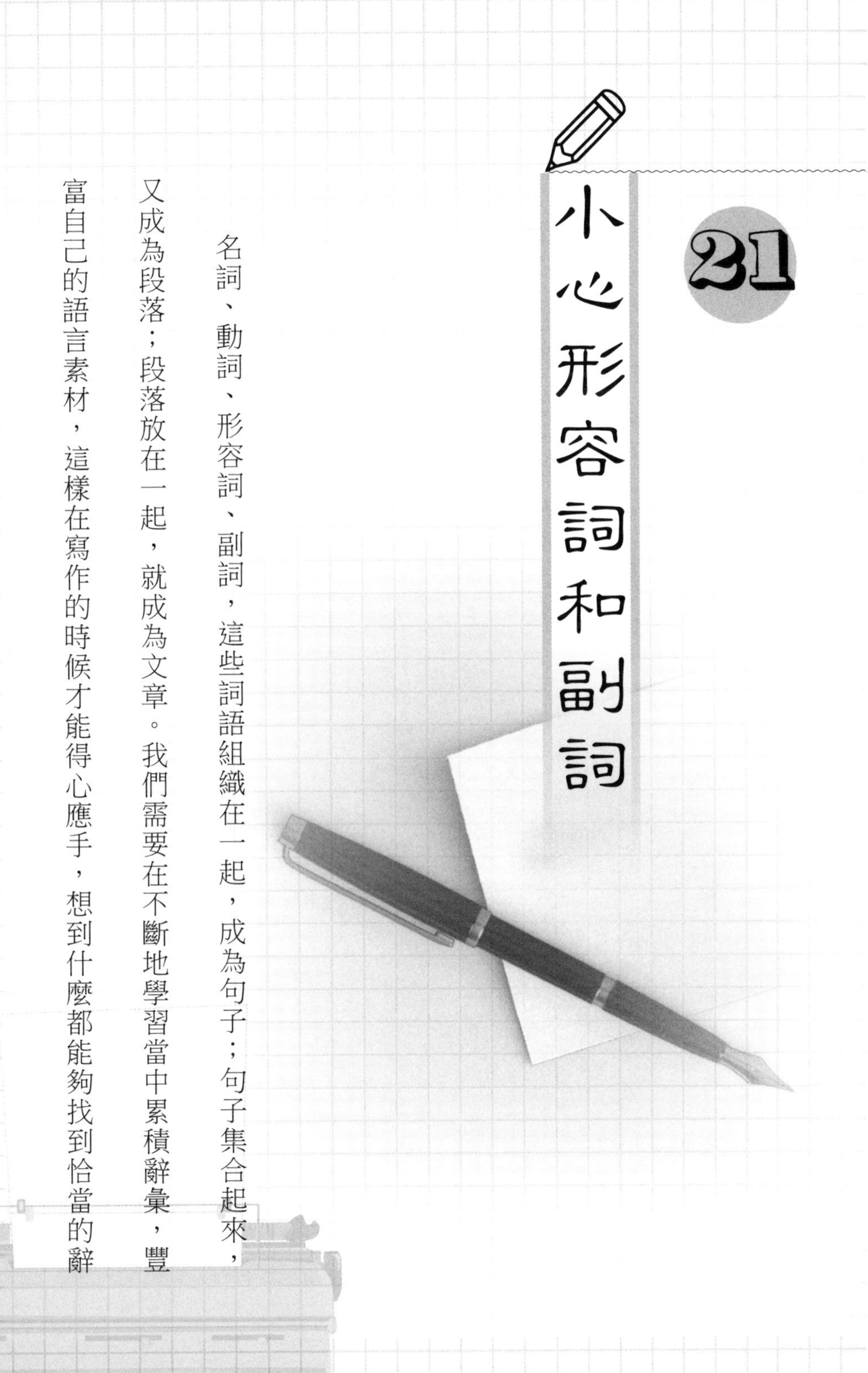

21 小心形容詞和副詞

名詞、動詞、形容詞、副詞，這些詞語組織在一起，成為句子；句子集合起來，又成為段落；段落放在一起，就成為文章。我們需要在不斷地學習當中累積辭彙，豐富自己的語言素材，這樣在寫作的時候才能得心應手，想到什麼都能夠找到恰當的辭彙表達出來。使用得當好了，這些文字能讓我們的作品變得更加強大。

美國非虛構寫作大師威廉·津瑟在他的著作《寫作法寶》中說，他所推崇的寫作風格，是「清晰、樸實、簡明、人文」。我深以為然。很多時候，寫得花俏要比寫得樸實容易，寫得含混要比寫得簡明容易。清晰質樸的文風對於大多數寫作都是適用的，對於應用文更是如此。

寫初稿的時候，我們經常為了強化某個想要表達的內容，而使用很多形容詞和副詞。這些詞語有些是恰當的，有些則是多餘的，它們待的地方經常比較隱晦，它們躲在暗處，不易被察覺，但是讓你的文字讀起來就是感覺差那麼一點火候。

比如，要寫一輛車從身邊飛快地開走了，可能寫下「一輛轎車飛快地疾馳而過」。疾馳本身就有飛快的意思了，所以在修改的時候，「飛快地」這個副詞應該刪去，而不影響意思，反而使文字更加精練。不需要說，我們就知道大海是無邊的，乞丐是髒兮兮的，血是鮮紅的，所以「面向大海」不必說成「面向無邊的大海」，「走來一個乞丐」不必說成「走來一個髒兮兮的乞丐」，「傷口流血了」不必說「傷口流出鮮紅的血」。要知道，乾乾淨淨的乞丐才不正常，這一點有可能值得你深入挖掘。

即使在寫抒情的散文或者詩歌，這些有重複含意的形容詞和副詞也不能給你的文字增添色彩。對故事、應用文來說，對待形容詞和副詞更要謹慎。在對自己的初稿進行修改時，要特別小心你使用的形容詞和副詞。

創意寫作練習

從你在前面做過的練習中找出一篇習作，可以是經過簡單修改的，也可以是沒有修改過的初稿。接下來，按照下面的步驟進行修改。

1、用兩分鐘讀一下這篇習作，把需要修改、補充或刪除的地方畫出來。

2、刪掉多餘的部分，補充缺少的內容，修改有問題的地方。

3、再讀一遍這篇進行了初步修改的稿件，把你能發現的形容詞和副詞都畫出來。

4、逐個檢查哪個形容詞和副詞是多餘的，把它們刪掉。如果可能，試一試把它們都刪掉，看看是否影響內容。

5、最後檢查一下有沒有錯別字，把你修改過的稿件重新謄寫一遍，如果是用電腦寫的，那就點存檔保存。

重新讀一下修改過的文章，有沒有感覺好一點？

22

記敘文、議論文、說明文——天啊，我眞不想用這些名稱

記敘文、議論文、說明文，對於這樣的名稱，你是不是非常熟悉？相信你很多年以來都在不停地寫這樣的文章。有時候是老師出的作業，有時候是在考場上。對擅長

這種寫作的人來說，它是加分利器；對看見這樣的題目就頭痛的人來說，它也是丟分重鎮。要知道，寫作是一個人一生中一直都需要使用的技能，即便你不當作家或者不以寫作維生，一支好用的筆桿子都是你強大的工具。

其實很多時候，我們都是被它們的名稱嚇到了。讓我們試著把這個問題簡單化，看看它們到底是什麼。這裡對它們的看法可能不太全面，但是對於理解每種文體的性質，並且讓你寫的東西達到一個合格的標準，然後在這個基礎之上再逐步提高，都有一定的幫助。

記敘文就是在講故事，讓你記述一件事情發生的始末以及感受，這個故事之所以要記述下來，肯定有它值得寫的地方。議論文是就某一事情進行概述，然後說說別人的觀點，再談談自己的看法。說明文就是要把一個事物或一件事情是怎麼回事盡量清晰地說清楚，並把需要注意的地方指出來。

對記敘文來說，講故事有講故事的技巧，這個故事關乎意義，同樣一個事情，換個角度可能講得更好，關鍵是抓住它值得寫的那個點。

對議論文來說，談觀點有談觀點的技巧，如何在別人觀點的基礎上提出自己的觀點很重要，保持一種批判性的眼光能讓你看待事物的觀點更加可信。這是一種「他說，我說」的觀點碰撞，要言之有物，言之有據，而不能泛泛空談。

對說明文來說，說明事物有說明事物的辦法，要條理清晰與意思明瞭地把功能、原理解釋清楚。可以概括為「怎樣做什麼」的結構，要說明的事物是什麼、它是怎樣運作的、要注意些什麼，把這些內容講清楚，讓讀者看得明白。

在寫這些文章的時候，我們不妨抱著一種愉快的心情，把它當成一件好玩的事。

創意寫作練習

1、記敘文、議論文和說明文，你認為它們都是什麼？

2、這三個文章種類，你最喜歡哪一種？為什麼？

3、這三個文章種類，你最不喜歡哪一種？為什麼？

4、你對這三個文章種類有什麼看法？你覺得自己怎麼才能把它們寫好？

回答一下上面幾個問題，讓自己對它們有個清楚的認識。請注意，千萬不要因為自己也說不清楚原因就討厭某一個，這樣對它不公平。

把你對這幾個問題的回答放在一起，看看你是不是得到了一篇文章？給它下個標題吧！

23 日記練習

養成寫日記的習慣，對於寫作非常有幫助。很多作家都有寫日記的習慣，也有人專門準備一本本子，把腦子裡冒出來的想法隨時記錄下來。

日記可以是每天經歷的或詳細或粗略的記錄。對自己一天的生活有個回顧和梳理，可謂好處多多。過幾個月或者幾年，再翻閱自己當時記的日記，你能從中找到讓自己吃驚的東西。它幫你保存記憶，記錄感想，記下自己的觀點與評論。

日記還可以是你故事的泉源，要把你想到的寫作創意記錄下來。可能你現在沒有時間把它發展成為一個故事，但是創意一閃即逝，如果不抓住，它就永遠地離開了。把它們記錄下來，就是你今後寫作的素材。這些現實的以及想像出來的東西，都是你的寶藏，你甚至可以把它們做為考試時的素材，累積得越多，你在使用的時候就越得心應手。

寫日記的時候要注意不能對自己太挑剔。你是在記錄一天當中真實發生的事情、經歷、所見所聞、所感所想，或者你想到的各種寫作點子。在寫的時候，不要對自己評頭論足，也不必太在意語法和錯別字的問題。當然，能寫得符合語法並且盡量少寫錯別字最好，但即便是學識淵博的人也可能有錯別字，特別是在寫第一稿的時候。如果你今後有機會用到日記裡的寫作素材，你總有機會對它修改潤色。

什麼時候寫日記？

大多數人都在晚上睡覺前寫。作業寫完了，或者一天的活動完成了，你換好睡衣，洗漱完畢，打開檯燈，坐在書桌前寫下你的一天。有的人養成了睡前寫日記的習慣，如果哪天沒寫，睡覺都感覺不踏實。你也可以根據需要在白天寫日記，但這個時間要盡量固定下來。

那麼每次寫多長時間？寫多少字？

我想說，盡可能寫久一點，盡可能多寫一點。寫作就是這樣，你寫得越多，它就和你越親近。我建議你每週至少寫三篇日記，每次至少寫十分鐘，或者寫下不少於四百字的篇幅。

如果能在寫作的過程中學習一些寫作技巧，對你的寫作幫助更大。當然，你也可以用這本寫作練習做為日記，每天寫一篇，把你當天的經歷和想法加進來。書裡每個練習都可以做不只一次，你每天的經歷和想法也不一樣，所以這本書是一個可以一直做下去的練習冊。

一定要堅持寫下去。讓日記成為你最忠實的朋友，傾聽你心裡的祕密，和你做伴。

我認識一個女孩，六歲開始寫日記，從開始只能寫拼音，發展到寫一句話、一段話，再到洋洋灑灑幾千字甚至上萬字。大概十年裡，她寫下了六十萬字的日記，而這些都是她珍貴的成長紀錄和寫作素材。

把你寫的習作、日記都保存好，就是你送給將來的自己最好的禮物。

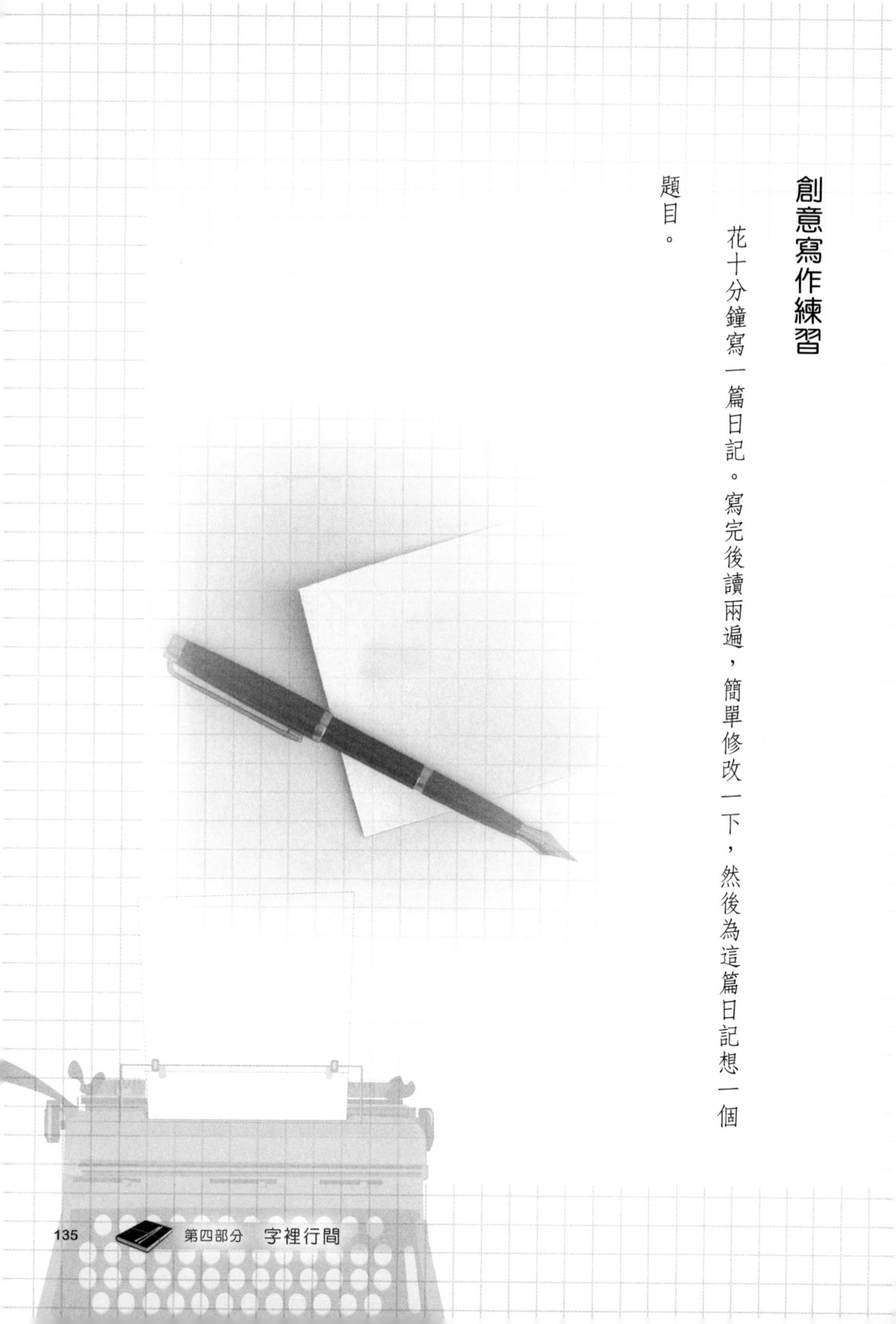

創意寫作練習

花十分鐘寫一篇日記。寫完後讀兩遍，簡單修改一下，然後為這篇日記想一個題目。

24 給老師的一封信

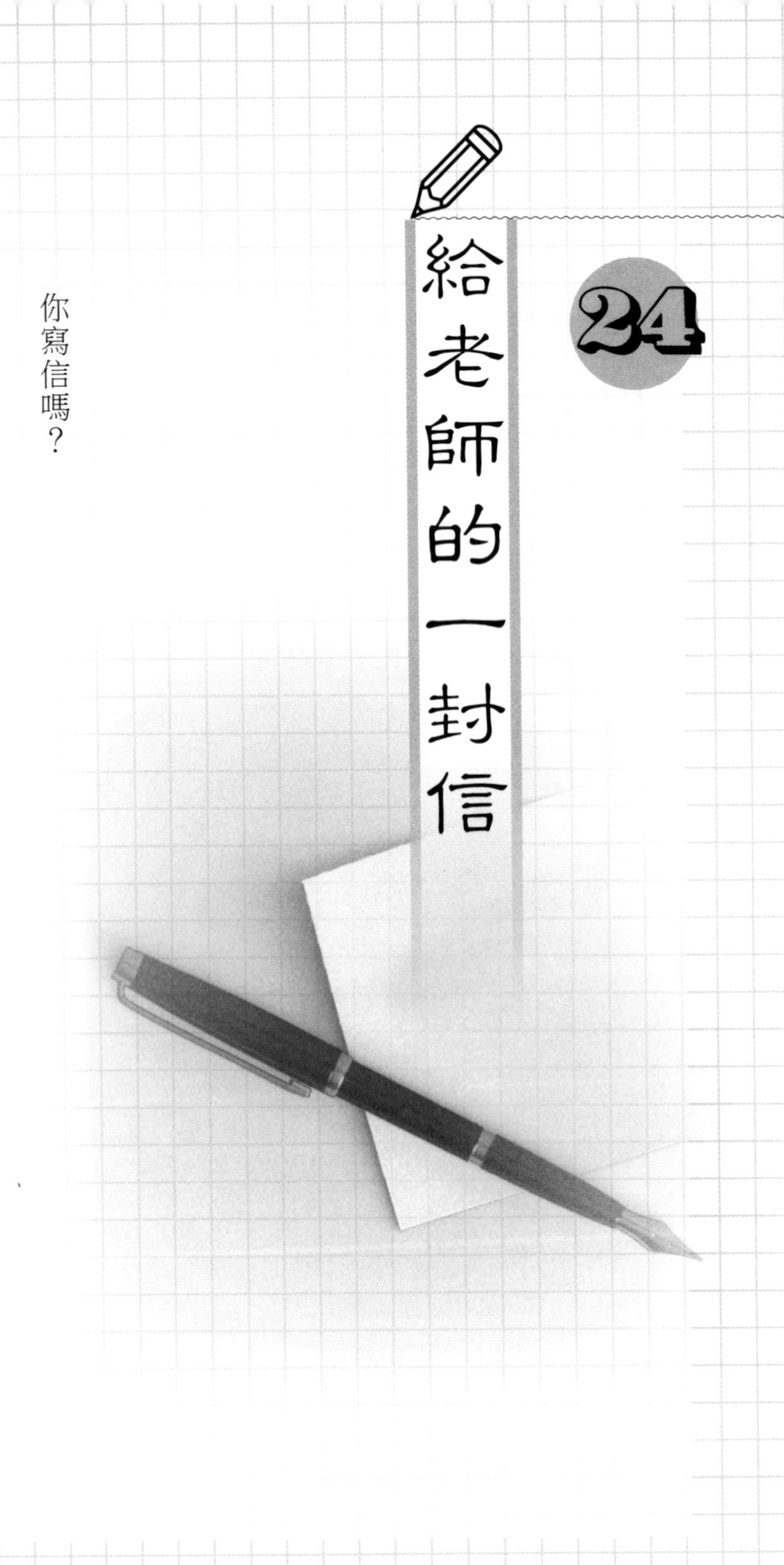

你寫信嗎？

現在我們有了電腦和手機，透過發送電子郵件、短信、微信、即時通聊天，就可以把想說的話告訴別人，既快又方便，而且很快就能得到回應。正因為如此，手寫信件越來越受到冷落。

手寫信需要你一筆一畫地把字寫下來，還要邊寫邊構思，而且需要遵循一定的信件格式。如果中間寫得不滿意，還得重新寫一遍，這讓很多人都感覺不方便。但是正因為手寫信件節奏慢、更慎重，反而讓我們寫的時候思考得更多，也更顯出你對收信人的尊重，讓我們更珍惜自己寫下的每一個字。試一試用手寫一封信，送給你的爸爸媽媽、爺爺奶奶、同學朋友或者是老師，把你想對他們說的，埋在心底的最真誠的話告訴他們。

寫信的時候，最好打個草稿，這時不用在意錯別字和語法問題，但是要挖掘自己內心深處的想法，並且在想法出來的時候迅速把它們抓住寫下來。記住，不要放過任何一個想法。寫完之後，直接在草稿上做出標記，改掉你發現的錯別字和語法問題。

然後找幾張乾淨的紙，可以是稿紙，也可以是普通的影印紙，在上面靠左的地方，頂頭寫下「親愛的×××：」，然後另起一行，空兩格，把你的信整齊地寫下來。抄寫完畢，在靠近頁面右下角的地方，寫上你的名字和時間。一頁寫不下，可以寫兩頁、三頁。

很多人在寫信的時候，發現有些想法是在寫的過程中出現的，而這些想法往往讓寫信的人也感到吃驚。它是埋在心底的一顆種子，在寫作和思考的過程中，它發芽了。把它寫下來，它就能生根發芽、開花結果。

創意寫作練習

親手寫一封信給你的老師。可以寫給你最喜歡的老師，也可以寫給你最不喜歡的老師。但是一定得是你有話想對他說的。把你想對他說的話告訴他。這不是一封提建議、挑毛病的信，所以我希望你在寫信的時候想到的大都是他的優點，還有你發自內心最想和他說的話。在寫信的時候，你得是真實的、誠懇的、善意的。

時間：十五～二十分鐘。

字數：五百字以上。

你的信寫好了。把它裝進信封裡，找個機會送給老師吧！這將是你們之間的美好回憶。

對了，在送出去之前，最好把信件內容拍照留存。

25 讀書筆記

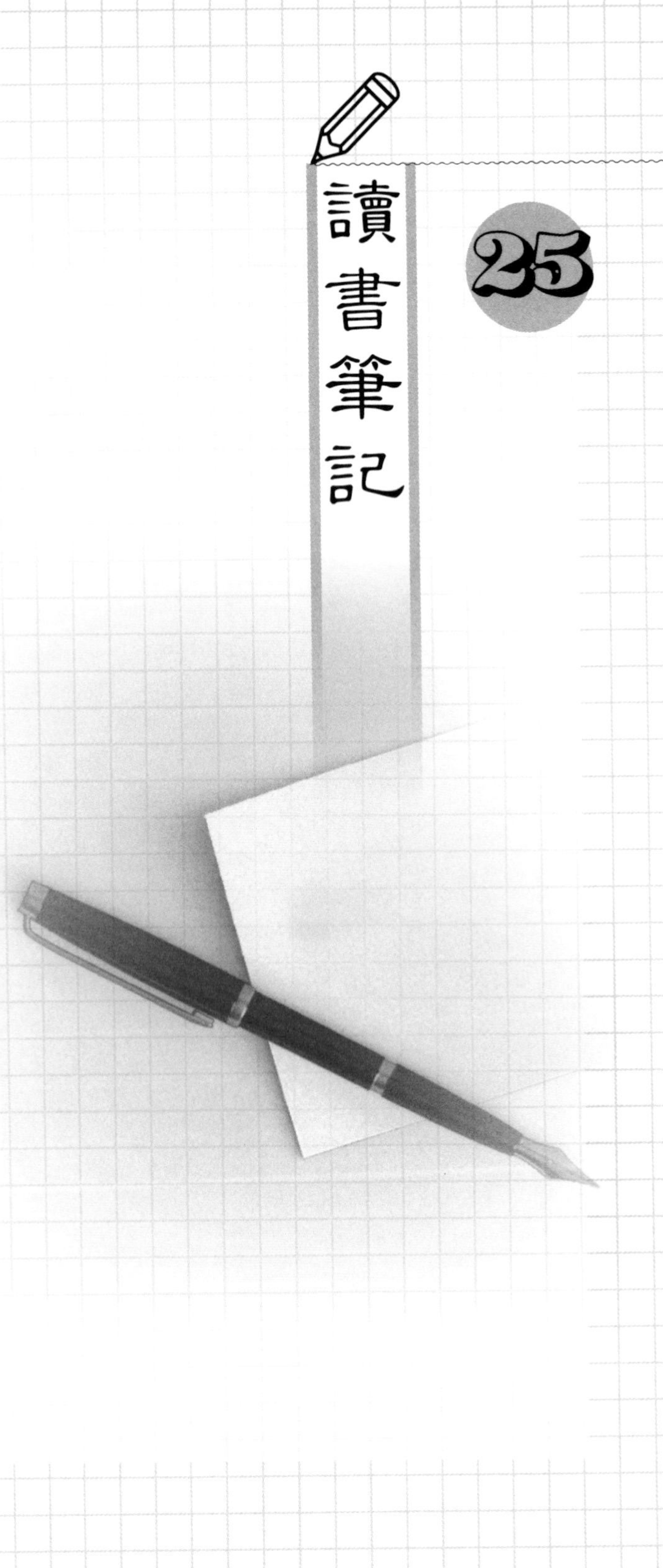

養成閱讀的習慣能讓我們終身受益。遺憾的是，很多人除了寫作業和應付考試之外，很少看書。

不論在什麼年齡，大量閱讀都十分有益。趁著我們還在學校求學，有機會也有需要去大量閱讀，就要抓住這個機會，多讀一些書，特別是名著。當然如果你有時間的話，也可以多讀一些自己喜歡的作品類型，比如詩詞、童話、科幻、校園故事。

養成寫讀書筆記的習慣，能夠加深我們對自己讀過的書的理解。可能過一段時間甚至是幾年後，再看當初自己寫的讀書筆記，會驚訝於自己竟然有這麼多想法，甚至發現對於某些作品，我們在不同的年齡有不同的感受。所謂經典，就是會常讀常新，你能看到自己在閱讀中的成長。比如《紅樓夢》這樣的大部頭，或者《小王子》這種篇幅較短的書，在不同年齡看，都會因為你的成長經歷、心理成熟度不同而獲得不同的感受。這些感受沒有優劣之分，它們是你成長的紀錄，代表了每一個時期的你的想法，都是十分珍貴的。

寫讀書筆記，需要先把你看完的書做個大概描寫，時間久了，這些內容概況對你也是一個提示。在寫這個部分的時候，可以參考書上提供的故事概要、內容介紹等資訊，再把你的理解和總結加進去。然後把你對這本書的感受寫下來。可以用這些問題啟發思路：哪裡最吸引你？哪裡讓你不解？哪裡令你感動？哪裡你覺得寫得不好？另外，如果可能，我們還要參考一下其他人對這本書的評價。瞭解別人的觀點，特別是權威人士對這本書、對你注意的問題的評價，有助於你保持一種批判性的眼光。

我們還可以從書裡摘錄一些片段或者句子，找到那些能打動你，或者寫得特別美、特別富有哲理意味或者可以警示人的內容，把它們抄寫下來。這樣做幫助你對書的內容留下更加直觀的紀錄，它們是具體的，而不是概括性的描述。而且你以後可以把它們引用到你自己的作品中。否則，等到真正需要某句你在某本書裡看到的特別想引用的句子時，再臨時到書裡去找，無異於大海撈針。

下面這篇讀書筆記，是我在二〇〇九年讀完《留德十年》後寫的，後來發表在報紙上。記得我在那一年讀了好幾本書，但是五年之後，能記得的只有這一本寫了讀書筆記的《留德十年》。這篇讀後感可能有些長，如果你對某一本書想法很多，完全可以像我這樣寫長一點；如果你沒有時間，或者想寫的東西不是很多，那也可以只寫幾百字，甚至一句話，只要把你想到的東西表達清楚就好。

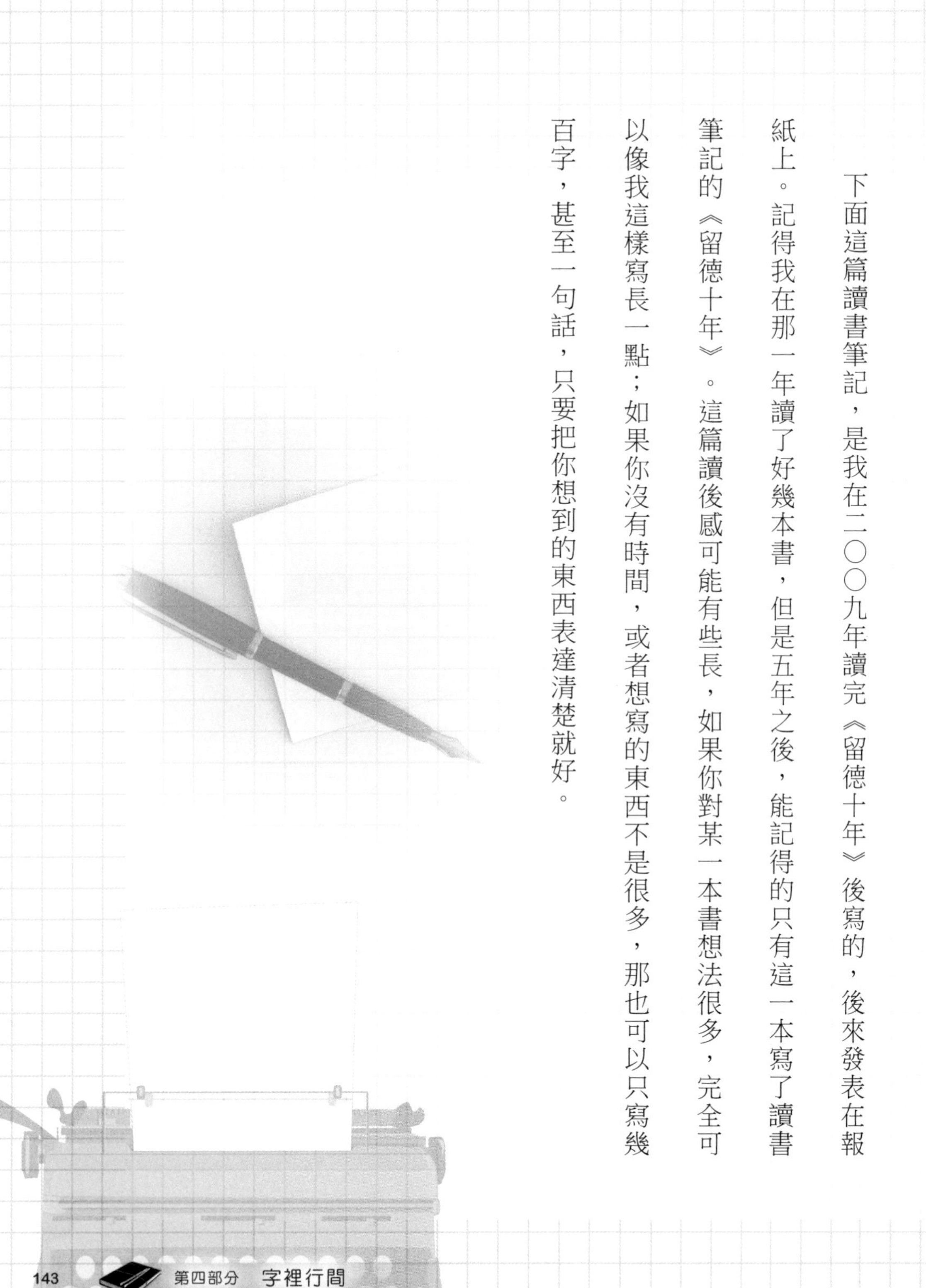

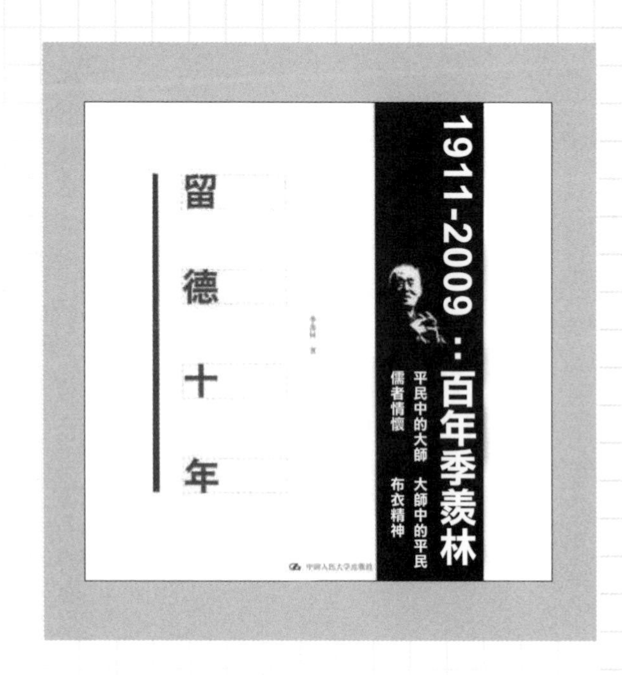

書名：留德十年。

閱讀時間：二〇〇九年七月八～十日。

作者：季羨林。

那時只道是尋常——讀季羨林《留德十年》

一

《留德十年》是季羨林先生做為回憶錄，對自己在二十世紀三、四〇年代赴德求學十一年的回顧。談及往事，季先生在「楔子」中說：往日的時光，回憶起來，確實覺得美妙可愛。「那時只道是尋常」，然而一經回憶，卻往往覺得美妙無比，回味無窮。

翻開書頁，十年清苦的留學生涯，點點滴滴，像一幅幅歷史畫卷，在我們眼前展開。從先生走過的街道，到經常散步的哥廷根山林，以及白雪下青翠的小草，一切都那麼自然清新。每到一個地方，都可以透過先生的敍述，瞭解一地的面貌。

而一個勤奮求學的留學生形象，也愈來愈清晰地顯現出來。

先生一生涉足領域之廣之深，國內外罕見。他精通英語、德語、梵語、吠陀語、峇里語，通曉吐火羅文，是印度史、佛教史的權威。正是在德國的學習，奠定了先生的研究方向，在今後七十餘載，他沿著這個方向，一直堅定地走著。

原訂兩年的留學計畫，因戰爭的原因，延長到了十年。年輕學者對祖國和母親的思念之情，真摯而深厚。在當時通訊不發達的情況下，外加接連不斷地戰爭，讓先生不由地感慨，「烽火連八歲，家書抵億金」。

十年留學生活，充實而艱苦。親歷了有國不能回，親歷了飢餓，親歷了第二次世界大戰的始末，那樣一種跌宕起伏的人生，光是想一想都覺得傳奇而又危險四伏。但從先生樸實又充滿詩意的文字間，我們讀到的是坦然而又輕鬆的語句，一種經歷一切之後的超然和平靜。

這本書就像是給讀者打開了一扇窗戶，在夜讀之際，由先生引領著，讓我們看到那個戰火年代德國的面貌，見到一個個治學嚴謹的德國教授，更目睹了一個遠赴他鄉的莘莘學子歷經磨礪，在異國堅持求學的畫面。

二

能夠像先生那樣，有將近一個世紀的往事可以回憶的人，在中國恐怕沒有幾個了，而這一個世紀，又是中國乃至整個世界發生巨變的世紀。對於一個學貫中西、造詣極深的學問大家，先生在後來幾十年中勤奮嚴謹的治學，從十年留德經歷中就可看到了。每每讀到此處，都不禁讓人感動，同時崇敬之情油然而生。

被先生視為第二故鄉的哥廷根，留住了他十年的歲月。在這座洋溢著濃郁的學術氣氛的大學城裡，做為年輕留學生的季羨林，找到了自己的道路和方向，那就是梵文。相信這樣一門學問，在當時和七十年後的今天，都不是一個熱門的專業。然而就是在這條艱難坎坷的道路上，先生透過勤奮的學習和刻苦的鑽研，用自己的雙腳，踏出了一條道路，並成就了後來的學術大廈。

人生百年，如夢如幻，能在這變幻莫測中有一份堅守，已十分難得；又能幾十年如一日，在自己的領域裡日積月累，直至碩果纍纍，此中的苦與樂，只有先生自己最明瞭，留給我們的，則是深深的感動。

我常常想，人的一生，在追求什麼？有多少人，庸庸碌碌度過一生，似為名，似為利，似為情，似為那些大家都嚮而往之的東西。得到的總嫌太少，失去時又覺不捨。還好有先生這樣的學者，用他畢生的堅守，肯定地告訴人們，學者是什麼樣的，學問是什麼樣的，孜孜不倦的追求又是什麼樣的。

三

在《留德十年》一書中，我們可以讀到不少關於先生的事情，其中不乏有趣的經歷。比如：

初到德國柏林，一次先生到肉食店買了點香腸，到了晚餐，泡好紅茶，準備好好地吃上一頓。這時候，一咬香腸，發現肉是生的。第二天一早，先生跑去店裡申訴，結果店員大笑著說，在德國，火腿就是生吃的，而且只有最好最新鮮的肉，才能生吃。搞得先生在心裡說自己是一個道地的「阿木林」。

第二次世界大戰時期，在哥廷根，糧食極其短缺。先生發誓要給他十分尊敬的老教授增加點營養，便從自己少得可憐的食物配額中硬擠。他大概一兩個月沒有吃奶油，又弄到麵粉和珍貴的雞蛋以及白糖，到蛋糕店烤了一個蛋糕，捧到了老教授夫婦面前。

能夠到哥廷根來跟西克教授這樣一位世界權威學習吐火羅文，是許多學者的願望。已過古稀之年的西克教授提出要教先生吐火羅文，絲毫沒有徵詢意見的意味，他也不留給先生任何考慮的餘地。他提出了意見，立刻安排時間，馬上就要上課。先生被深深地感動了，便下定決心，擴大自己的攤子，「捨命陪君子」。

隨著第二次世界大戰的結束，先生終於回到了日思夜想的祖國。這十一年的歲月，是整個世界戰火紛飛的年代，對我們來說，是屬於歷史書上的知識；對先生，卻是他的親身經歷。他用娓娓道來的語言，講述著自己的過去，為那些故人、故地感動著。用先生自己的話來說，要寫這樣一個回憶錄，「我必須把這十一年的生活再生活一遍，把我遇到的人都重新召喚到我的眼前，儘管有的早已長眠地下了；然而在我眼前，他們都仍然是活的。與這些人相互聯繫的我的生活中，酸甜苦辣，五味俱全。我前後兩次，在四十天和四個月內，要把十一年的五味重新品嚐一番。這滋味絕不是美好的。我咬緊了牙，生活過來了……」

是的，先生用他的回憶錄召喚著他的故人。我們也透過這本書，彷彿又見到了先生，就這樣面對面地，聽他講述那些往事……

創意寫作練習

下面列出了一個書單，在家裡的書架上找一找，或者到圖書館借來其中的三本，給每本書都寫一篇讀書筆記。要注意，看書時如果遇到不認識的字，透過上下文能夠理解的，就不必去查字典，畢竟我們不是在學習認字，而是在閱讀。經常停下來查字典會影響到閱讀的品質。

1. 《小王子》
2. 《窗邊的小豆豆》
3. 《頑童歷險記》
4. 《湯姆歷險記》

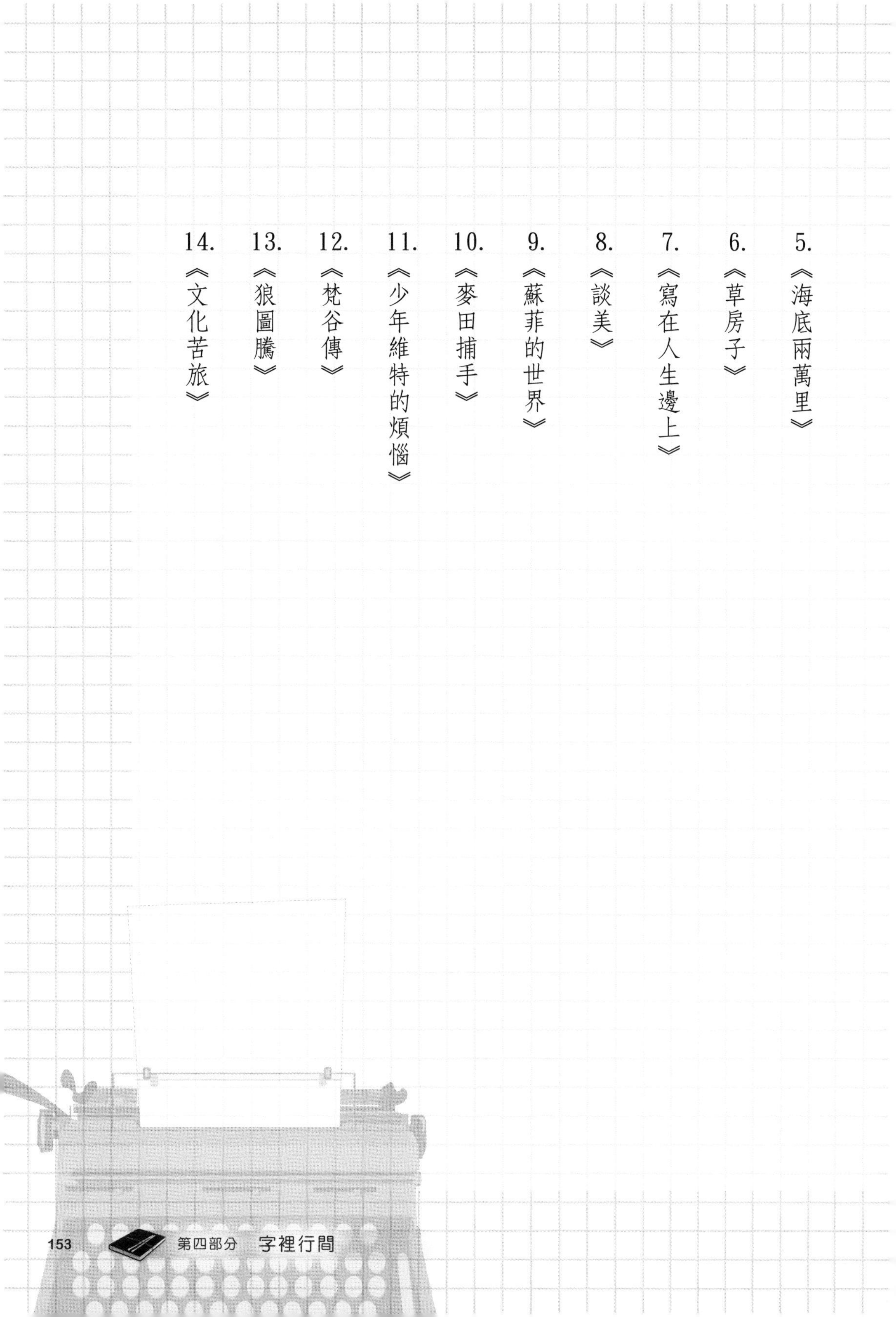

5.《海底兩萬里》

6.《草房子》

7.《寫在人生邊上》

8.《談美》

9.《蘇菲的世界》

10.《麥田捕手》

11.《少年維特的煩惱》

12.《梵谷傳》

13.《狼圖騰》

14.《文化苦旅》

15.《目送》

16.《老人與海》

17.《簡愛》

18.《成為作家》

建議你找一本筆記本，專門用來寫讀書筆記。寫的時候，可以按照後面的格式寫，也可以根據你的需要增加項目，但不宜太多。如果你想按照自己的設想寫讀書筆記，都沒有問題。對於長短、格式、內容，你完全可以依照自己的喜好來決定，哪怕只有一句話，只要你有想法，就把它記錄下來。千萬不要找藉口往後延，這樣做的結果往往是不寫。

書名：

閱讀時間：

作者：

內容介紹：

讀後感：

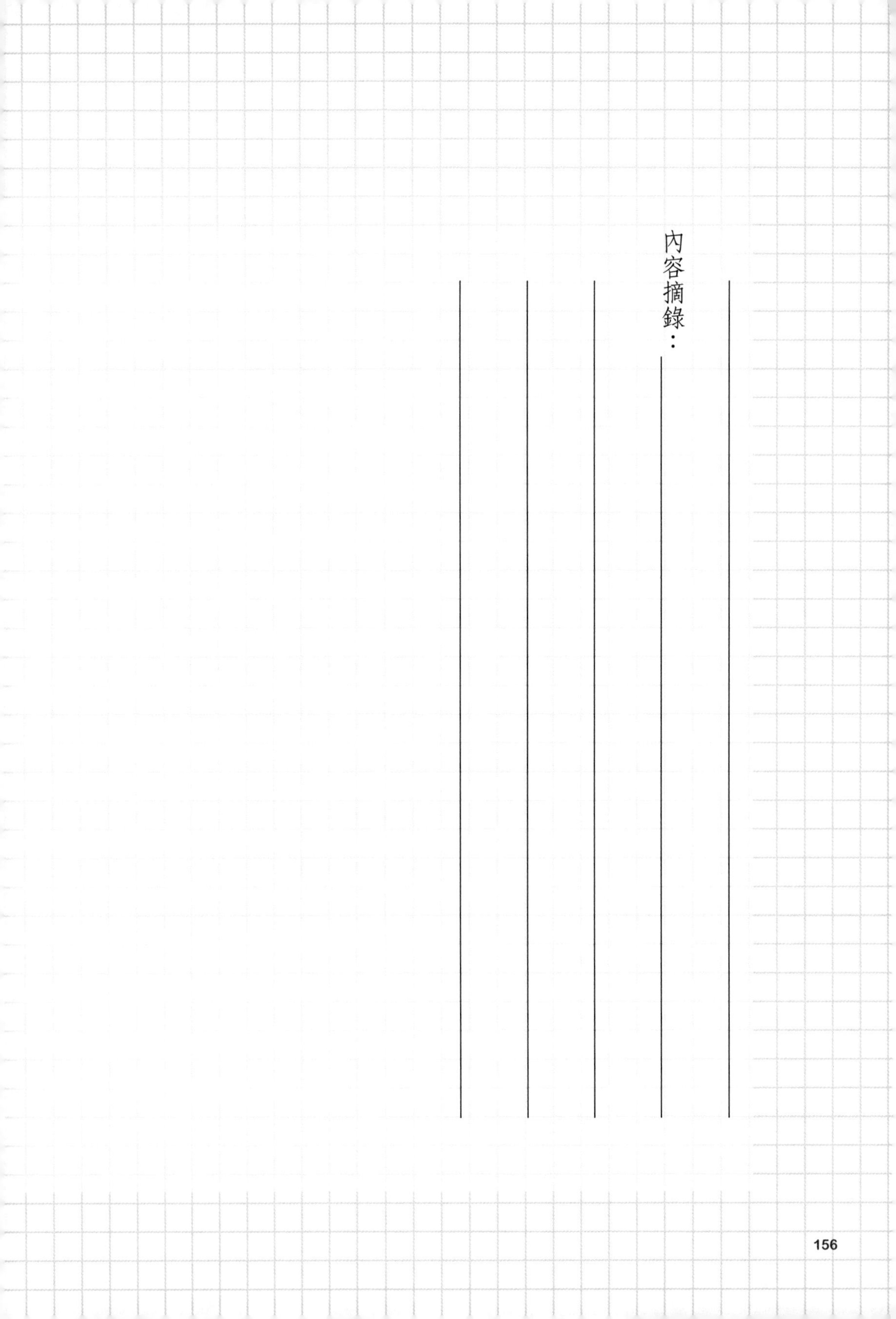

內容摘錄：

26 寫遊記

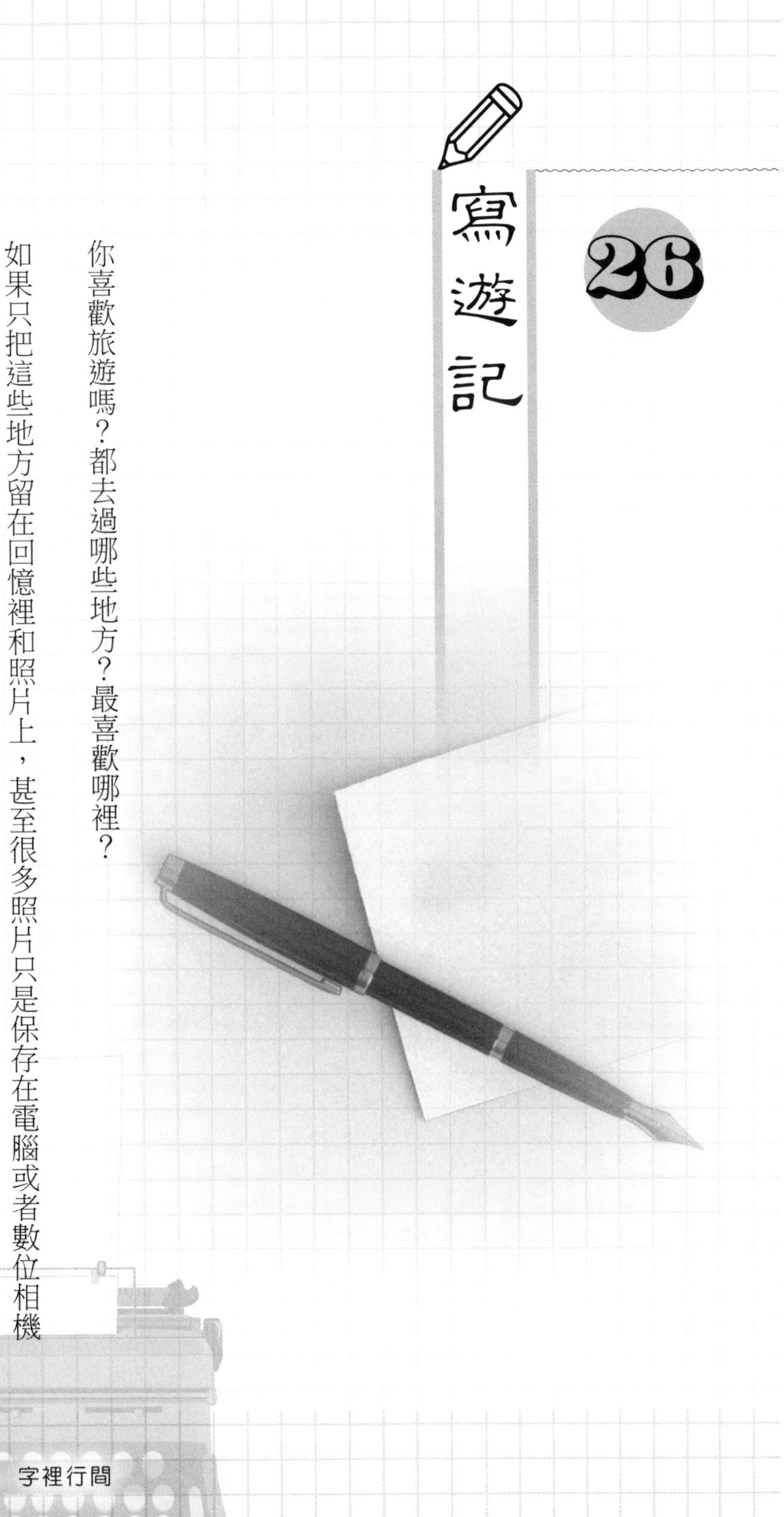

你喜歡旅遊嗎？都去過哪些地方？最喜歡哪裡？

如果只把這些地方留在回憶裡和照片上，甚至很多照片只是保存在電腦或者數位相機裡，都沒有洗出來，我們關於這個地方的回憶就會隨著時間流逝慢慢變淡，最後可能只剩

下照片證明我們去過那裡，以及與照片相關的一些零碎的記憶。

把你去過的地方寫下來，是記錄個人經歷和感受的好辦法。古話說，讀萬卷書，行萬里路。如果對這萬里路留下萬字言，那就更有意義了。不僅是對寫作技巧的鍛鍊，也是對自己人生的記錄。

遊記首先是關於地方的。這個地方是什麼樣子的，它的外部特徵，它的文化歷史，你到達之後發現這裡和自己之前理解的有什麼不同。

其次是關於人的。文化與歷史，風土與民情，無不因為人而存在。即便是自然風景區，也有人的痕跡，或者是對自然景觀的破壞，或者是為保護環境做出的努力。寫一個地方寫到了人，內容就有了提升的空間。

有了地方、有了人，就有故事。你在這裡聽到什麼故事，或者看到、親身經歷了什麼事情，都可以記錄下來。

要注意，在寫遊記的時候，一定要避免陳詞濫調。描寫西湖多麼美麗，懸空寺多麼險峻，這樣的描述已經多得不能再多，所以不能放任自己對大家都瞭解或者都看得到的地方做太多渲染甚至誇張。我建議你著重寫那些能夠引起你特別注意的、特別是與人有關係的地方。遊記切忌過分渲染，精心地選擇恰當的辭彙十分重要。在寫人、寫地方、寫故事、寫細節的時候，試著把我們前面練習過的寫作技巧運用進來，讓遊記成為你旅途最好的見證。

我曾經去過的印象最深的地方，是位於墨西哥的一處瑪雅遺址。從那裡回來後，我用一首小詩記錄下我對這個地方的印象。這首詩寫得談不上有多好，但是直到現在，每次我讀到它，都能喚起當時那種強烈的感受。

瑪雅遺址土倫城遊記

不敢相信我曾如此近距離靠近你
用眼神觸摸你古老而滄桑的身體
美麗的墨西哥海灣蜷伏在你腳下
溫柔的熱帶海風眷戀著你的牆壁

交錯千年的灌木守護著你的宮邸
一次偶然的海難使人類走到這裡
若不是你冥冥中指引意圖的安排
人們怎能看到你一直隱藏的美麗

站在你用城牆圍起的昔日樂園裡
用心感受你五千年前歲月的朝夕
曾經的文明與繁榮已被歷史掩埋
出入你城池的人不再是你的後裔

終於平復了初見你時激動的呼吸
用眼耳鼻喉舌體味你異域的氣息
低矮的門窗描繪著你短小的身軀
輝煌的神殿顯示你對神靈的敬意

這個美好如外星世界的小小城池
記錄文明繁衍昌盛與衰落的痕跡
也許幾千年後我們亦將成為你們
也許我們會相遇在另外的世界裡

創意寫作練習

從你拍過的旅行照片裡挑出一張，寫一篇遊記。寫之前先仔細回憶一下你在那裡都看到了什麼、聽到了什麼、想到了什麼，什麼人、什麼事情讓你印象深刻。寫的時候請注意，你的遊記裡要有地方、有人，以及人與地方之間的故事。寫完以後，用幾分鐘讀一遍，做些修改，然後把它保存好。

時間：二十分鐘。

字數：六百字以上。

最後，祝你寫作開心！

國家圖書館出版品預行編目資料

寫作魔法書：妙趣橫生的創意寫作練習／白鉛筆編著.
－－第一版－－臺北市：字阿文化 出版；
紅螞蟻圖書發行，2016.11
面 ； 公分－－(中學堂；10)
ISBN 978-986-456-032-5（平裝）

1.漢語教學 2.寫作法 3.中等教育

524.313　　105018012

中學堂 10

寫作魔法書：妙趣橫生的創意寫作練習

編　　著／白鉛筆
發 行 人／賴秀珍
總 編 輯／何南輝
校　　對／鍾佳穎、周英嬌、謝容之
美術構成／Chris' office
出　　版／字阿文化出版有限公司
發　　行／紅螞蟻圖書有限公司
地　　址／台北市內湖區舊宗路二段121巷19號(紅螞蟻資訊大樓)
網　　站／www.e-redant.com
郵撥帳號／1604621-1　紅螞蟻圖書有限公司
電　　話／(02)2795-3656（代表號）
傳　　真／(02)2795-4100
登 記 證／局版北市業字第1446號
法律顧問／許晏賓律師
印 刷 廠／卡樂彩色製版印刷有限公司
出版日期／2016年 11 月　第一版第一刷

定價 250 元　港幣 84 元

敬請尊重智慧財產權，未經本社同意，請勿翻印，轉載或部分節錄。
如有破損或裝訂錯誤，請寄回本社更換。

寫作魔法書
copyright©2016by白鉛筆
All Rights Reserved
本書經由中國人民大學出版社授權出版發行

ISBN 978-986-456-032-5　　Printed in Taiwan